钱基博
国学要籍

QIAN JI BO
GUO XUE
YAO JI

钱基博 著

当代世界出版社

图书在版编目（CIP）数据

钱基博：国学要籍 / 钱基博著. -- 北京：当代世界出版社，2017.1

（名家国学大观 / 黄懿煊主编）

ISBN 978-7-5090-1158-4

Ⅰ．①钱… Ⅱ．①钱… Ⅲ．①国学－文集 Ⅳ．①Z126.27-53

中国版本图书馆CIP数据核字（2016）第274375号

出版发行：	当代世界出版社
地　　址：	北京市复兴路4号（100860）
网　　址：	http://www.worldpress.com.cn
编务电话：	（010）83907332
发行电话：	（010）83908409
	（010）83908455
	（010）83908377
	（010）83908423（邮购）
	（010）83908410（传真）
经　　销：	全国新华书店
印　　刷：	三河市兴国印务有限公司
开　　本：	620毫米×889毫米　1/16
印　　张：	15
字　　数：	210千字
版　　次：	2017年1月第1版
印　　次：	2017年1月第1次
书　　号：	ISBN 978-7-5090-1158-4
定　　价：	42元

如发现印装质量问题，请与承印厂联系调换。
版权所有，翻版必究；未经许可，不得转载！

目录

版本通义

001- 叙目
003- 原始第一
008- 历史第二
048- 读本第三
071- 馀记第四

读《庄子·天下篇》疏记

083- 叙目
088- 总论
105- 墨翟 禽滑厘 宋钘 尹文
117- 彭蒙 田骈 慎到 关尹 老聃
128- 庄周 惠施 公孙龙
162- 附太史公谈《论六家要指》考论

《文史通义》解题及其读法

177- 一、论世
183- 二、叙传
203- 三、解题
209- 四、读法

版本通义

叙目

原始第一

历史第二

读本第三

馀记第四

余读官私藏书之录,而籀其所以论版本者,观于会通,发凡起例,得篇如上。缮写定,因为其序论曰:

於戏!版本之学,所从来旧矣!盖远起自西汉,大用在雠校。刘向《别录》:"雠校,一人读书,校其上下,得缪误,为校。一人持本,一人读书,若怨家相对,故曰雠也。"(见《文选·魏都赋》雠校篆籀李善注引《风俗通》。)及其雠校中秘,有所谓中书,有所谓外书，有所谓太常书，有所谓太史书，有所谓臣向书，臣某书，广搜众本，雠正一书，然则雠校所资，必辨版本。至宋岳珂刊《九经三传》，称以家塾所藏唐石刻本，晋天福铜版本，京师大字旧本，绍兴初监本，监中见行本，蜀大字旧本，蜀学重刊大字本，中字本，又中字有句读附音本，潭州旧本，抚州旧本，建大字本，俞韶卿家本，又中字凡四本，婺州旧本，并兴国于氏、建余仁仲，凡二十本。又以越中旧本注疏，建本有音释注疏，蜀注疏，合二十三本，专属本经名士反复参订。而于是事雠校者言版本！方是时，吾锡尤文简公著录所藏，为《遂初堂书目》，特开一书兼载数本之例。而于是治目录者言版本！既以附庸，蔚为大国，寖昌寖炽，逮于逊清，版本之学，乃以名家，而吾苏为独盛！自常熟毛晋子晋、钱曾遵王开其前茅，有苏州黄丕烈荛圃、顾广圻千里为之缵绪。其后钱唐之丁丙松生、归安之陆心源存斋、独山之莫友芝子偲，又其后长洲之叶昌炽鞠裳、江阴之缪荃孙筱珊、氏沙之叶德辉奂彬，版崇宋元，学擅雠校，炳炳琅琅，咸有述造，亡虑皆衍黄丕烈之绪者也。毛、钱所记，岂无罕异，而径途粗辟，阐扬未弘。恢张绝业，莫如黄氏！而顾千里实为丞弼，古钞旧椠，赏奇析疑，默识神解，不同寻常；沾溉后生，以诒奇秘。其尤甚者，乃至如陆心源之为《仪顾堂题跋》，盖掩黄丕烈之《读未见书斋读书录》以为己有（见钱唐汪康年穰卿《雅言集》），公然盗袭，曾不耻愧。而博籀诵诸家，删次其要，参互钩稽，积久成帙，董而理之，以著为篇。惟是神识尤资目验，一见逾于百闻。千元皕宋，其有可征，则以国立南京、北平两图书馆所藏为据；而古籍景缮，则多取材于涵芬楼。按图索骥，求之可得；景响之谈，勿为迷罔。修辞立诚，庶几君子。世有览者，幸垂鉴焉。

原始第一

三代方策，邈哉貌矣！炎汉初兴，书皆竹帛。其后刘氏父子向、歆总群书而奏其《七略》；班固删其要，成《汉书·艺文志》以备篇籍。大凡书六略三十八种五百九十六家，称篇称卷，不一其辞。所谓篇，竹书也；卷，则帛书也。后世书不用竹帛，冒篇卷之名，失其指矣。

古书止有竹简，曰"汗简"，曰"杀青"。汗者，去其竹汁；杀青者，去其青皮。汉刘向《别录》云："杀青者，直治竹作简书之耳。新竹有汗，善朽蠹。凡作简者，皆于火上炙干之。陈楚间谓之汗。汗者，去其汁也。"而书竹简必以刀刻，故《史记》称萧何为秦之刀笔吏。《风俗通义》："刘向典校书籍，先书竹，改易写定，可缮写者以上素。"盖西京之末，犹用竹为多。故刘向以《中古文尚书》校欧阳、大小夏侯三家经文，多脱简。而《汉书·艺文志》所载，亦篇多于卷也。后汉宦者蔡伦，因缣贵简重，不便于人，以意造为纸，史称："莫不从用。"然考献帝西迁，图书缣帛，军人取为帷囊。而吴恢为南海太守，欲杀青以写经书。是东京之世，犹盛竹帛，而纸未大行矣。

《书序正义》引顾氏曰："策长二尺四寸，简长一尺二寸。"《春秋左传·杜预序疏》引郑氏《论语序·钩命决》云："《春秋》二尺四寸书之,《孝经》一尺二寸书之。"《聘礼疏》引郑氏《论语序》："《易》、《诗》、《书》、《礼》、《乐》、《春秋》皆尺二寸（当依《左传疏》引作二尺四寸）,《孝经》谦半之,《论语》八寸，策者三分居一，又谦焉。"而称书为一册，必由简策之册而来。《说文解字》："册，符命也，诸侯进受于王也。象其札一长一短，中有二编之形。笧，古文册，从竹。"又《竹部》："符，信也，汉制以竹长六寸分而相合，从竹付声。"盖一长一短相比谓之册，六寸分合谓之符。故册可推称于符命，而符不可转称为书册。凡竹简，必编以绳，亦护以革。《史记·孔子世家》称其"晚喜《易》，韦编三绝"。虞世南《北堂书钞》引刘向《别录》，"《孙子》以（同已）杀青，简编以缥系绳"。《南史·王僧虔传》："楚王冢书青丝编。"然则今人言编辑，固犹沿其旧称矣。册本通作策。《说文解字》："策，马箠也。"别为一义。然汉人通借策作册。《礼记·中庸》："文武之政，布在方策。"《周礼·内史》："凡命诸侯及孤卿大夫，则策命之。"《左传》僖二十八年："王命尹氏及王子虎内史叔兴父策命晋侯为侯伯。"昭三年："郑伯如晋。晋侯嘉焉，授之以策。"是册即策之证。至汉末，则通行以策为册。蔡邕《独断》云："策者，简也。《礼》曰：'不满百文，不书于策。'其制长二尺，短者半之，（王充《论衡》云：'短书俗记，即策之短者。'）其次一长一短，两编书，下附篆书起年月日称'皇帝曰'以命诸侯王。"刘熙《释名》："策，书教令于上，所以驱策诸下也。"《仪礼·聘礼》记百名以上书于策。"《郑注》："策，简也。"《正义》："策是众简相连之称。"然则古书以众简相连而成册，今人则以线装分钉而成册，沿其称而失其义矣。此古简册之制。

至帛之为书，便于舒卷，故一书谓之几卷。卷之心，必转以圆辊，两头稍长，出于卷，余出如车轴然。《隋书·经籍志》："宋武入关，收其图籍，府藏所有，才四千卷，赤轴青纸，文字古拙。炀帝即位，秘阁之书，分为三品：上品红琉璃轴，中品绀琉璃，下品漆轴。"《旧唐书·经籍志》："凡四部库书，皆以益州麻纸写，其集贤院御书，经库，皆钿白牙轴，黄缥带，红牙签。史库，钿青牙轴，缥带，绿牙签。子库，雕紫檀轴，紫带，碧牙签。集库，绿牙轴，朱带，白牙签。"盖隋唐间，简册已亡，存者止卷轴。故一书又谓之几轴。韩愈诗："邺侯家多书，插架三万轴。一一悬牙签，新若手未触。"三万轴，即三万卷也。此古卷轴之制。

夫笔行而刀刻废，纸行而缣帛废。日趣便易，造述愈滋。故向、歆著录，见于《汉书·艺文志》者，才万三千。至唐修《隋书·经籍志》，则几六七倍焉。开元时，两京书库所储，则几十倍之焉。唐以前书皆写本；而唐人写本之仅存者，有《说文·木部》，独山莫友芝子偲盖得而张焉。

世传唐籍版书，当以英国印度政府之匈牙利人斯坦因一千九百零七年（清德宗光绪三十三年）在敦煌千佛洞莫高窟石室所发见之唐懿宗咸通九年四月十五日印之《金刚般若波罗蜜经》，藏诸伦敦之不列颠博物院者为最可传信。宋版书之佳者，字体每带欧、虞神味。元人所刻，与宋版书较，已带匠气，而以咸通本《金刚经》与宋版书比，又显然有雅俗之分：

一则古拙错综，一则整齐呆板。是故古版书之可贵，就艺术而论，即在其能保持率真之气而不流于匠俗尔。敦煌石室印版书，又有《加句灵验本一切如来尊胜陀罗尼》；上虞罗振玉叔蕴曾为之景印于《宸翰楼丛书》中，其字画纯朴，视咸通《金刚经》更为率真。虽无纪年可考信，而罗氏则断之为唐刻，其根据为第二行"国师三藏大广智不空译"之"国"字上空一格，可谓现存版刻之最古者。

夫唐书版刻，始于佛典；而其渐推及儒书。据唐柳玭《家训序》云："中和三年癸卯夏（中和，唐僖宗年号），銮舆在蜀之三年也。余为中书舍人，旬休，阅书于重城之东南；其书多阴阳杂记、占梦相宅、九宫五纬之流，又有字书小学，率雕版印纸，浸染不可晓。"则是字书小学有版刻矣。薛居正《旧五代史·唐书·明宗纪》：长兴三年二月辛未，中书奏："请依石经文字，刻《九经》印板。"从之。《汉书·隐帝纪》：乾祐元年五月己酉朔，国子监奏："《周礼》、《仪礼》、《公羊》、《穀梁》四经，未有印板，欲集学官考校雕造。"从之。宋王溥《五代会要》卷八（经籍）载：周太祖广顺六年六月，尚书左丞兼刊国子监事田敏进印板《九经书》、《五经文字》、《九经字样》，各二部一百三十册。世宗显德二年二月，中书门下奏："国子监祭酒尹拙状称：准敕校勘《经典释文》三十卷，雕造印板，欲请兵部尚书张昭、太常卿田敏同校勘。"敕其《经典释文》，已经本监官员校勘外，宜差张昭、田敏详校。于是《经典》有版刻矣。又《旧五代史·和凝传》云："平生为文章，长于短歌艳曲，又好声誉，有集百卷，自篆于版，模印数百帙，分惠于人焉。"又贯休《禅月集》有王衍乾德五年，昙域后序称："检寻藁草及暗记忆者约一千首，雕刻成部。"于是集部有版刻矣。若其时诸书刻本，自来未闻藏书家收藏，独敦煌石室出《唐韵》、《切韵》二种，为五代细书小板刊本，法人伯希和所取而储入巴黎图书馆者是也。此五代版刻之仅存者。宋叶梦得《石林燕语》称："世言雕板印书始冯道。此不然，但监本《五经》板，道为之尔。柳玭《训序》言其在蜀时，尝阅书肆，云：'字书小学，率雕板印纸。'则唐固有之矣，但恐不如今之工。"朱翌《猗觉寮杂记》云："雕印文字，唐以前无之。唐末，益州始有墨板，后唐方镂《九经》，悉收人间所有经史，以镂版为正，见两朝国史。"据叶、朱两家论之，则谓刻板实始于唐末矣。比得敦煌石室唐经刻本，乃知版刻不始唐末，而远在咸通以前也。述《原始》第一。

历史第二

言版本者断自宋,世人尤所矜重。然新城王士禛阮亭《居易录》有云,今人但贵宋椠本,顾宋板亦多讹舛,但从善本可耳。如钱牧翁所定《杜集·九日寄岑参诗》从宋刻作'两脚但如旧',而注其下云:'陈本作雨。'此甚可笑。"嘉定钱大昕辛楣《十驾斋养新录·论宋椠本》曰:"今人论宋椠本书,谓必无差误,却不尽然。陆放翁《跋历代陵名》云:'近世士大夫所至,喜刻书板,而略不校雠。错本书散满天下,更误学者,不如不刻之为愈也。'是南宋初刻本已不能无误矣。张淳《仪礼识误》、岳珂《九经三传沿革例》所举各本异同甚多,善读者当择而取之。若偶据一本,信以为必不可易;此书估之议论,转为大方所笑者也。"然按苏轼《东坡志林》称:"近世人轻以意改书,鄙浅之人,好恶多同,故从而和之者众;遂使古书日就讹舛,深可忿疾。"而叶梦得《石林燕语》则曰:"唐以前,凡书籍皆写本,未有摹印之法。人以藏书为贵,人不多有,而藏者精于雠对,故往往皆有善本;学者以传录之艰,故其诵读亦精详。自书籍刊镂者多,士大夫不复以藏书为意;学者易于得书,其诵读亦因灭裂。然板本初不是正,不无讹误。世既一以板本为正,而藏本日亡，其讹谬遂不可正，甚可惜也！"则是不待南宋初，刻书已不能无误矣。甘泉焦循理堂为宋岳珂《九经三传沿革例序》云："学者言经学则崇汉，言刻本则贵宋。余谓汉学不必不非，宋版不必不误。"诚哉是言，可为拘墟者发墨守也。

宋时官刻书有国子监本。岳珂《九经三传沿革例》，有晋天福铜板本，盖宋监本之所自出。而叶梦得《石林燕语》称："五代时，冯道始奏请官镂板印行。国朝淳化中（淳化，太宗年号），复以《史记》、《前后汉》付有司摹印。"晁公武《郡斋读书志》云："嘉祐中（嘉祐，仁宗年号），以《宋》、《齐》、《梁》、《陈》、《魏》、《北齐》、《周书》舛谬亡阙，始诏馆职雠校。曾巩等以秘阁所藏多误，不足凭以是正，请诏天下藏书之家悉上异本。久之始集。治平中（治平，英宗年号），巩校定《南齐》、《梁》、《陈》三书，上之，刘恕上《后魏书》，王安国上《北周书》。政和中（政和，徽宗年号），始皆毕，颁之学官，民间传者尚少。"此国子监刻经史之可征于北宋者也。李心传《建炎以来朝野杂记》云："监本书籍，绍兴（绍兴，高宗年号）末年所刊。国家艰难以来，固未暇及。九年九月，张彦实待制为尚书郎，始请下诸道州学，取旧监本书籍，镂板颁行，从之。然所取者多有残缺。故胄监刊《六经》无《礼记》，正史无《汉书》。二十一年五月，辅臣复以为言。上谓秦益公曰：'监中其他阙书，亦令次第镂板；虽重有费，不惜也！'由是经籍复全。"此国子监刻经、史之可征于南宋者也。北宋监刻无闻。而南宋监刻之仅有存者：国立北平图书馆藏有监本《春秋穀梁注疏》残册（以下省称北平图书馆），南京国立中央大学国学图书馆藏有监本《纂图重言重意互注礼记》残册，有监本《纂图春秋经传集解》三十卷（有钞配），有监本《附音春秋公羊注疏》二十八卷（有元明修补叶），有监本《附音春秋穀梁注疏》二十卷（有元明修补叶。以下省称南京图书馆）。而南京之《公穀注疏》，半页十行，经传不别，传下注及集解亦不标明，惟疏文则冠一大"疏"字于上；与北平之《穀梁》残册同一款式，盖出一刻也。然按岳珂《九经三传沿革例》称："《九经》监本，讹谬脱略，多仍五季之旧，与俗本无大相违。绍兴初，仅取刻板于江南诸州，视京师承平监本又相远甚，与潭、抚、闽、蜀诸本互为异同。嘉定辛巳春（嘉定，宁宗年号），朝廷命胄监刊正经籍。柯山毛居正谊父遂取《六经》、《三传》诸本，参以子史字书选粹文集，研究异同。凡字义音切，毫厘必校，刊修仅及《四经》；犹以工人惮烦，诡窜墨本，而误字实未尝改者十二三。继欲修《礼记》、《春秋三传》；谊父以病目移告，事遂中辍。"则是监本《九经》有讹脱也。景祐元年九月（景祐，仁宗年号），秘书丞余靖上言："国子监所印两《汉书》文字舛讹，恐误后学。臣谨参括众本，旁据他书，列而辨之，望行刊正。"诏送翰林学士张观等详定闻奏。又命国子监直讲王洙与靖偕赴崇文院雠对。靖、洙悉取馆阁诸本参校。二年九月校毕，凡增五百一十二字，脱一百四十三字，改正四百一十一字（见北平图书馆藏元大德乙巳刊《后汉书》，首列景祐《校正后汉书状》）。而叶梦得《石林燕语》称：

"余襄公靖为秘书，尝言《前汉书》本谬甚，与王原叔同取秘阁古本参校，遂为《刊误》三十卷，其后刘原父兄弟两《汉》皆有刊误。余在许昌，得宋景文用监本手校《西汉》一部，末题用十三本校，中间有脱两行者。"则是监本诸史有谬脱也。涵芬楼景宋景祐刊本《汉书》入百衲本二十四史，盖即宋景文所用参校诸本之一。而晁公武《郡斋读书志》称："遭靖康丙午之变（靖康，钦宗年号），中原沦陷，前曾巩等校刻《宋》、《齐》、《梁》、《陈》、《魏》、《北齐》、《周书》几亡。绍兴十四年，井宪孟为四川漕，始檄诸州学官，求当日所颁本。时四川五十余州，皆不被兵；书颇有在者，然往往亡缺不全。收合补缀，独少《后魏书》十许卷，最后得宇文季蒙家本，偶有所少者；于是七史遂全，因命眉山刊行。"谓之"眉山七史"；而宋以来藏书家，称为"蜀大字本"。元时板印模糊，遂称之为"九行邋遢本"；盖其书半叶九行，每行十七八字也。元以后递有修板。北平图书馆藏有元修宋蜀大字本《宋书》残册，有宋蜀大字本《魏书》一百一十四卷，有明修宋蜀大字本《北齐书》五十卷；盖"眉山七史"之廑见者。而涵芬楼景宋蜀大字本《南齐书》、《陈书》、《周书》，宋蜀大字本配元明递修本《宋书》、《梁书》、《魏书》、《北齐书》入百衲本二十四史，于是"眉山七史"复全。至明洪武时（洪武，太祖年号），取天下书板入之南京。此板遂入国子监，世遂称为"南监本"（归安陆心源存斋《仪顾堂续跋》）。南京图书馆藏有明南监刊本《三国志》六十五卷（刊配《魏志》卷八至十二），而北平图书馆藏有明南监黑口本《唐书》二百五十卷（有补板），永乐中用南监九行本《齐书》，十行本《晋书》、《魏书》、《隋书》印订四史《外戚传》四卷；所见亦罕矣！然昆山顾炎武宁人《日知录·论监本二十一史》曰："宋时止有十七史。今则并宋、辽、金、元四史为二十一史。但辽、金二史向无刻。南北《齐》、《梁》、《陈》、《周书》，人间传者亦罕。故前人引书，多用《南》、《北史》及《通鉴》，而不及诸书，亦不复采《辽》、《金》者，以行世之本少也。嘉靖初（嘉靖，世宗年号），南京国子监祭酒张邦奇等请校刻史书，欲差官购索民间古本。部议恐滋烦扰。上命将监中《十七史》旧板，考对修补，仍取广东《宋史》板付监。《辽》、《金》二史无板者，购求善本翻刻。十一年七月成。祭酒林文俊等表进，至万历中（万历，神宗年号），北监又刻《十三经》、《二十一史》。"南监多存宋监、元路学旧板，其无正德以后修补者，品不亚于宋元。观南雍《经籍志》所载四部板片，真三朝文献之所系矣。北监多据南监本重刻，《十三经》、《二十一史》之外，罕见他书。钱大昕《十驾斋养新录》曰："北监板《十三经注疏》，创始于万历十四年，至二十一年毕工，《二十一史》开雕于万历二十四年，至三十四年竣事；板式与《十三经》同。"盖南监诸史本合宋监及元各路儒学板凑合而成。北监即据南本重刻。而南京图书馆藏有嘉靖、万历先后刊南监《二十一史》，万历刊北监《二十一史》。顾氏《日知录》则以为"北板视南稍工；而士大夫家有其书，历代之事迹粲然于人间矣。然校勘不精，讹舛弥甚；且有不知而妄改者，偶举一二：如《魏书·崔孝芬传》：李彪谓崔挺曰：'比见贤子谒帝，旨谕殊优；今当为群拜纪。'此《三国志·陈群传》中事，（原注：'陈群字长文，纪之子，时鲁国孔融高才倨傲，年在纪、群之间，先与纪友，后与群交，更为纪拜。'）非为隐僻。今所刻《北史》改云：'今当为绝群耳。'不知纪群之为名而改纪为绝，又倒其文，此已可笑。（原注：'南北板同。'）又如《晋书·华谭传》末云：'始淮南袁甫，字公胄，亦好学，与谭齐名。'今本误于'始'字绝句，左方跳行，添列一袁甫名题，而再以'淮'字起行。（原注：'南北板同。'）《齐王冏传》末云：'郑方者，字子回。'此姓郑名方，即上文所云南阳处士郑方露版极谏，而别叙其人与书，及冏答书于后耳。今乃跳行添列一郑方者三字名题。（原注：'北板无者。'）《唐书·李敬元传》末附敬元弟元素，今以敬元属上文，而'弟元素'跳行。此不适足以彰太学之无人，而贻后来之姗笑乎！（原注：'惟冯梦祯为南祭酒手校《三国志》，犹不免误，终胜他本。'）《十三经》中，《仪礼》脱误尤多：《士昏礼》脱'婿授绥，姆辞曰，未教，不足与为礼也'一节，十四字。（原注：'赖有长安石经据以补此一节，而其注疏遂亡。'）《乡射礼》脱'士鹿中翻旌以获'七字，《士虞礼》脱'哭止告事毕宾出'七字，《特牲馈食礼》脱'举觯者祭卒觯拜长者答拜'十一字，《少牢馈食礼》脱'以授尸坐取簟兴'七字。此则秦火之所未亡而亡于监刻矣"。明监刻既如此，宋监刻又如彼。

宋时官私刊刻，不胜偻指。监本而外，有蜀本、杭州本、临安书棚本、州郡官刻本、私宅家塾本、福建本、麻沙本、释道二藏刻本。诸刻之中,惟蜀本、杭州本、临安书棚本为最精。临安书棚擅誉南渡,而杭州本、蜀本则称胜北宋。苏轼《东坡志林》谓:"蜀本大字书皆善本。"而叶梦得《石林燕语》则谓:"天下印书以杭州为上,蜀本次之,福建最下。京师比岁印板,殆不减杭州,但纸不佳。蜀与福建多以柔木刻之,取其易成而速售,故不能工。福建本几遍天下,正以其易成故也。"顾蜀大字本仅有存者。诸家著录,惟见蜀广都费氏进修堂刻大字本《资治通鉴》二百九十四卷(世称为"龙爪本",见常熟瞿镛子雍《铁琴铜剑楼书目》、陆心源《仪顾堂题跋》)、蜀大字本《汉书》残册、蜀大字本《三苏先生文粹》七十卷(以上两种见陆心源《皕宋楼藏书志》)而已。然北平图书馆藏有北宋刊大字本《汉书》残册,中《食货志》"管仲相桓公","相"字下注"渊圣御名"四字;与陆心源《皕宋楼藏书志》所载宋蜀大字本《汉书》六十四下"乌桓之垒","乌"字下注"渊圣御名"合;且行款亦一一相同。而江阴缪荃孙筱珊撰《清学部图书馆善本书目》独辨其为两淮江东转运司本,而非蜀大字本,谓:"馆中尚有宋大字本《后汉书》,与此同时所刻;其《章帝纪》'章和元年六月戊辰,司徒桓虞免',正文'桓'字有补刻痕。注'桓虞字仲春','虞'字之上,亦作'渊圣御名'四字。据《容斋续笔》云:'绍兴中,公命两淮江东转运司刻《三史》板。其《两汉书》内,凡钦宗讳并书四字曰渊圣御名。'则此为两淮江东转运司本,而非蜀大字本明矣。"涵芬楼景宋绍兴刊本《后汉书》入百衲本二十四史，"桓"字作"渊圣御名"，与《容斋续笔》所称同；殆亦两淮江东转运司本乎？蜀大字本之可见者，南京图书馆藏有明覆宋刊蜀大字本后周成都卫《元嵩述元包经传》五卷，附《元包数总义》二卷。"眉山七史"亦有蜀大字本之目。而杭州本之见著录者，则有嘉祐五年中书省奉旨下杭州镂《唐书》二百五十卷（见陆心源《仪顾堂题跋》）。元祐元年（元祐，哲宗年号），杭州路奉旨刻《资治通鉴》二百九十四卷（见瞿镛《铁琴铜剑楼书目》），盖北宋本之珍罕者也。北平图书馆藏有宋刊本《唐书》二百五十卷，后题"据嘉祐五年镂板，而建州重刻"，则建州之重刻，而杭刻之翻本矣。

夫宋刻书之盛，首推福建；而福建尤以建安为最。可考见者：曰建安余志安勤有堂，曰建安余仁仲万卷堂，曰建阳麻沙书坊，曰建宁府黄三八郎书铺，曰建宁书铺蔡琪纯父一经堂，曰武夷詹光祖月厓书堂，曰建宁府陈八郎书铺，曰建安江仲达群玉堂。而余氏最早，最久，亦最著。清高宗以乾隆四十年正月丙寅，谕军机大臣等："近日阅米芾墨迹，其纸幅有'勤有'二字印记，未能悉其来历。及阅内府所藏《千家注杜诗》，向称为宋椠者，卷后有'皇庆壬子余氏刊于勤有堂'数字。皇庆，元仁宗年号，则其版是元非宋。继阅宋版《古列女传》，书末亦有'建安余氏靖安刊于勤有堂'字样，则宋时已有此堂。因考之宋岳珂相台家塾论书板之精者，称建安余仁仲。虽未刊有堂名，可见闽中余板，在南宋久已著名，但未知北宋时即行勤有堂名否？又他书所载明季余氏建版犹盛行，是其世业流传甚久。近日是否相沿？并其家刊书始自何年？及勤有堂名所自，询之闽人之官于朝者，罕知其详。若在本处查考，尚非难事，著传谕钟音于建宁府所属，访查余氏子孙，见在是否尚习刊书之业？并建安余氏自宋以来刊印书板源流，及勤有堂昉于何代何年？今尚存否？或遗迹已无可考，仅存其名；并其家在宋曾否造纸？有无印记之处？或考之志乘，或征之传闻，逐一查明，遇便覆奏。此系考订文墨旧闻，无关政治。钟音宜选派诚妥之员，善为询访，不得稍涉张皇，尤不得令胥役等借端滋扰，将此随该督奏折之便，谕令知之。"寻据覆奏："余氏后人余廷勷等呈出族谱，载其先世自北宋建阳县之书林，即以刊书为业。彼时外省板少，余氏独于他处购选纸料，印记'勤有'二字，纸板俱佳，是以建安书籍盛行。至勤有堂名相沿已久，宋理宗时有余文兴号勤有居士，亦系袭旧有堂名为号。今余姓见行绍庆堂书集，即勤有堂故址。其年已不可考。"（见长沙王先谦益吾《东华录》）先是乾隆九年，高宗命于乾清宫东之昭仁殿，藏宋、金、元、明板书籍，御笔题曰"天禄琳琅"。至三十九年，诏重辑《天禄琳琅书目》。余氏刊见者录者二种：一、宋板《周礼郑注陆音义》十二卷，每卷后或载"余仁仲比校"，或"余氏刊于万卷堂"，或"余仁仲刊于家塾"，卷末记经注音义字数。一、《集千家注分类杜工部诗》二十五卷，门类目录后有"皇庆壬子"钟式木记，"勤有堂"炉式木记。传序碑铭后有"建安余氏勤有堂刊"篆记。诗题、目录、卷二十五后皆别行刊"皇庆壬子余志安刊于勤有堂"（以上两种见正编）。一、宋板《礼记》，每卷有"余氏刊于万卷堂"，或"余仁仲刊于家塾"，或"仁仲比校讫"，（见后编）款式与《周礼》同。则是建安余氏刻书堂名各有分别，如万卷堂，则为余仁仲刊书之记；勤有堂，则为余志安刊书之记。而其刻《列女传》之靖庵，亦题勤有堂，则或为志安之别号也。若其翻板，所见四书六种：一、江都汪中容甫仿刻《春秋公羊经传解诂》，卷首何休序后有合刻《公穀二传》缘起六行，末题云："绍熙辛亥孟冬朔日，建安余仁仲敬书。"（绍熙，光宗年号）卷一后有"余氏刊于万卷堂"一行。卷二、卷六、卷九后各有"余仁仲刊于家塾"一行。卷四、卷七、卷八、卷十一、卷十二后，各有"仁仲比校讫"一行。一、遵义黎庶昌莼斋仿刻《春秋穀梁经传范宁集解》，序后有隶书小木印记曰"余氏万卷堂藏书记。"卷一、卷三、卷七、卷八、卷十后各有"仁仲比校讫"一行。卷二、卷四、卷五、卷六后各有"余仁仲刊于家塾"一行。卷九后"余仁仲刊于家塾"，卷十一"余仁仲比校讫"刻二行。卷十二后有"国学进士余仁仲校正"及隶书小木行记曰"余氏万卷堂藏书记"字样，款式与《公羊》同。卷末皆记经注音义字数；盖与天禄琳琅著录《周礼》、《仪礼》同刊，而岳珂《九经三传沿革例》所谓"建安余仁仲，称为善本"者。近涵芬楼《四部丛刊》景印常熟瞿氏铁琴铜剑楼藏宋建安余氏刊本《春秋公羊经传解诂》十二卷，《春秋穀梁传》十二卷，所谓建安余氏，盖即余仁仲万卷堂；而汪中、黎庶昌据以重开之本,惟《穀梁》存卷七至十二,阙卷以黎庶昌翻本补之耳。此万卷楼之翻本也。其他二书:一、仪征阮元芸台仿刻《绘图古列女传》,目录后有外方内圆木印记,中刻草书"建安余氏"四字。卷二、卷三后,有"静庵余氏模刻"一行。卷五后有"余氏勤有堂刊"一行,卷八后有墨地白文木记"建安余氏模刻"一行。一、阳湖孙星衍渊如仿刻《唐律疏议》。前释文序后有"至正辛卯十一年重校"一行。又有长方木印记云"崇化余志安刊于勤有堂"。疏议序后有草书"至顺壬申五月印"一行,卷终有"考亭书院学生余资编校"一行。此勤有堂之翻本也。然勤有堂自宋至元,刻书虽多虽久,而精好不逮仁仲万卷堂远甚。南宋又有建安余恭礼宅,于嘉定丙子,刻《活人事证方》二十卷;建安余唐卿宅,于宝祐癸丑(宝祐,理宗年号),刻《许学士类证普济本事方》十卷,又后集十卷,则称渊夏余氏明经堂(见宜都杨守敬惺吾《日本访书志》)。又有建安余氏双桂书堂,刻《广韵》五卷(见陆心源《仪顾堂续跋》)。盖皆余氏之支与流裔也。建宁府黄三八郎书铺乾道改元中元日印《韩非子》二十卷(乾道,孝宗年号),有嘉庆戊寅(嘉庆,清仁宗年号)全椒吴鼐山尊重刊本,有涵芬楼《四部丛刊》景印吴县黄丕烈尧圃校补常熟钱曾遵王述古堂影钞本。此亦闽本翻刻之廑有者。建宁书铺蔡琪纯父一经堂嘉定戊辰刻《汉书》,有残册十四卷,藏南京图书馆。若建安江仲达群玉堂刻宋麻沙坊本《二十先生回澜文鉴》十五卷,后集八卷,南京图书馆之所庋藏,则为建阳麻沙版本书籍之一种。而建阳麻沙版本书籍，流传后世者甚多。有牌可考者，如俞成元德、闽山阮仲猷种德堂，麻沙刘氏南涧书堂，及江仲达群玉堂，虽不精，藏书家以其为宋刻而珍之。南京图书馆藏有宋麻沙刊本蜀人黄晞《歔欷琐微论》二卷，元刊宋麻沙本《纂图互注南华真经》十卷，东瀛翻宋麻沙本常山江少虞《皇宋事实类苑》七十八卷。而闽山阮仲猷种德堂淳熙柔兆涒滩刻《春秋经传集解》三十卷，则有明繙本，藏北平图书馆。而字迹板滞，传末牌子亦无矣。然而论者不贵；而临安书棚本，则颇为藏书家珍异。有曰"临安府太庙前尹家书籍铺刊行"者，有曰"临安府太庙前经籍铺尹家刊行"者，有云"临安府陈道人书籍铺刊行"者，有云"陈道人书籍铺刊行"者，有云"临安府棚北大街睦亲坊南陈宅书籍铺刊行"者，有云"临安府棚前睦亲坊南陈宅书籍铺刊行"者，有云"临安府棚北大街陈宅书籍铺刊行"者，有云"临安府棚北睦亲坊陈解元书籍铺刊行"者，有云"临安府棚北大街睦亲坊南陈解元书籍铺刊印"者，有云"临安府棚北睦亲坊巷口陈解元宅刊行"者，而陈氏为著。陈道人，名起，字宗之，睦亲坊卖书开肆，名"芸居楼"。陈解元，号续芸；但有谓即陈思者，起之子也（长沙叶德辉奂彬《书林清话》有详考）。诸家藏书志目记跋载睦亲坊棚北大街陈解元或陈道人或陈宅书籍铺刊行印行者，以唐宋人诗文小集为最多。近《四部丛刊》所景行者四种：一、唐《李群玉诗集》三卷，后集五卷，卷首载进诗表、敕旨、令狐绹荐状、敕旨，后有"临安府棚前睦亲坊南陈宅书籍铺印行"一行。后集末叶有"临安府棚北大街睦亲坊南陈解元书籍铺印"一行。一、唐李中《碧云集》三卷，目录后有"临安府棚北睦亲坊陈宅书籍铺印"一行。一、唐李咸《披沙集》六卷，卷前有绍兴四年庐陵杨万里序，序后有"临安府棚北大街陈宅书籍铺印行"一行。以上三种，盖上元邓氏群碧楼藏宋刊本也。又其一、唐罗隐《甲乙集》十卷。行款字画，悉与陈宅书籍铺所刻别种唐人集同，目录后记刊板处一行已漫漶，仅存"临安府"三字；黄丕烈审为下即"棚北大街睦亲坊南陈宅书籍铺印"十四字；则出常熟瞿氏铁琴铜剑楼藏者。又有明翻宋书棚本汉刘熙《释名》八卷，序后有"临安府陈道人书籍铺"识语四行，出南京图书馆藏者。此陈宅书籍铺刻书也。而尹家书籍铺刻，所见者盖以唐宋人说部杂记为多，不如陈氏刊之多集部也。州郡官刻，其尤著者，莫如公使库本，宋诸道监帅司及州军边县戎帅皆有公使库。《朱文公集·按唐仲友状》云："据蒋辉供断配台州牢城差，每日开书籍供养。去年三月，唐仲友叫上辉就公使开雕《扬子》、《荀子》印板。"其《荀子》二十卷，源出国子监本，藏日本狩谷望之家。黎庶昌出使时，影写重开；而涵芬楼据以景入《四部丛刊》者也。朱文公按状牵及刻字人蒋辉，而检其中缝，则见蒋辉之名，赫然在焉。又绍兴十七年刻《太平圣惠方》一百卷，卷末记："福建路转运司命将国子监《太平圣惠方》一部，修改开板，于本司公使库印行"云云（见《丁丙善本书室藏书志》）。盖宋时州郡准用公使库钱，因就库开局刻书，故今传有苏州、吉州、沅州、舒州、抚州、台州、信州、泉州、鄂州公使库亥诸书。此外官刻或称茶盐司、提刑司、转运司，或称转运使、安抚使，或称计台、漕台，或称漕司、漕廨、漕院，皆可称为公使库本。而北平图书馆藏有两淮江东转运司本《汉书》残册，《后汉书》残册，亦公使库本之一也。又有称州学、军学、郡斋、郡庠、府学、郡学、县斋、县学，而不云公使库者，当是出之府县学经费耳。至私家塾刻善本，其尤著者，如建溪三峰蔡梦弼傅卿、建安黄善夫宗仁家塾刻《史记》（见昭文张金吾《爱日精庐藏书志》），建安魏仲举家塾庆元六祀刻《新刊五百家注音辨昌黎先生文集》（见《天禄琳琅三》、《四库全书提要》），岳珂之相台家塾刻《九经三传》，廖莹中世彩堂刻《韩昌黎集》、《柳河东集》，皆博采善本，手校异同，自非率尔雕印者。岳珂塾刻，从来缮本最多，如《易》、《书》、《诗》、《礼记》及《春秋左氏传》，有明缮宋本，有武英殿本，有江南缮本，有贵阳缮本，有广州缮本，有成都缮本，便文可称《相台五经》。今北平图书馆藏有明缮相台岳氏刻本《周礼》十二卷，南京图书馆藏有明覆相台岳氏刻本《春秋经传集解》三十卷。而《四部丛刊》有长沙叶氏观古堂藏明缮宋岳氏刊《周礼》十二卷景印本，有江阴缪氏艺风堂藏昆山徐氏影钞相台岳氏刊《孝经》一卷景影本，可谓夥颐沉沉矣。其次，建安黄善夫宗仁家塾之敬室刻《史记正义》一百三十卷，盖明嘉靖丁亥震泽王延喆恩褒四世之堂刻所自出。而嘉靖甲午秦藩及柯维熊两刻，均出善本，亦皆出于黄氏。至南京图书馆藏有明吴中徐氏东雅堂刻《昌黎集》四十卷，《外集》十卷，《遗文》一卷（徐时泰，万历甲戌进士，官工部郎中），即廖莹中世彩堂缮本也。至魏仲举刻《五百家注昌黎先生文集》，则南京图书馆有藏册，涵芬楼有景印本。此皆家刻缮本之所知者也。《十三经》以蜀本为最，北宋刻第一，巾箱板甚精（常熟孙从添庆增《藏书纪要》）。南宋刻书最有名者为岳珂相台家塾所刻《九经》、《三传》，别有《总例》，似乎审定极精。而取唐石经及蜀石经残卷等校之（蜀石经有《毛诗传笺》卷一、卷二残本刻入江宁陈宗彝秋涛《独抱庐丛书》，又黎庶昌《古佚丛书》中刻《尔雅郭注》三卷，其原本亦出蜀石经，远胜宋元诸刻），往往有彼长而此短者。故北宋蜀所刻诸经之可贵者，贵其源出唐、蜀《石经》也。宋本中建安余氏所刻之书，不能高出蜀本者，为其承监本、司漕本之旧也。至于史子，亦以北宋蜀刻为精。如《史记》、《汉书》、《后汉书》、《三国志》见于各藏书家题跋所称引者，固可见其一斑。子如《荀子》，熙宁吕夏卿刻本（熙宁，神宗年号），胜于南宋淳熙江西漕司钱佃本（淳熙，孝宗年号）。《世说新语》，北宋刻十行本，注文完全，胜于南宋陆游本（叶德辉《书林清话》）。然则宋刻之弁冕，当推北宋蜀刻矣。至宋本释道二藏经典，刻本行款，非长条行款，即阔本，另自一种，与所刻不同（孙从添《藏书纪要》。《四部丛刊》景印江南傅氏藏宋刊本《大唐西域记》十二卷，盖即出于藏经本云。

宋版款式，大抵以白口单边或细黑口者为多。口以中缝言，边以四匡言。中缝折页，不见一线墨者，为白口；而鱼尾上下有一线墨者，为细黑口（武陵赵慎畛遵路《榆巢杂识》曰："书中开缝每画❦名鱼尾，象形也，始于唐太宗。"）。天地四匡，界画粗墨线者，为单边；而匡内有细墨线者，为双边。明武林高濂深父《燕闲清赏笺》、鄞屠隆赤水《考槃遗事》论宋版，皆谓"格用单边"。而赵慎畛《榆巢杂识》亦称："宋版书上下界画只一线墨无二线墨。"此宋版单边之说也。孙从添《藏书纪要》曰："元刻不用对勘，其字脚、行款、黑口，一见便知。"此宋刻白口之说也。北平图书馆藏有宋刊《周易兼义》十二卷，朱震撰《汉上易集传》十一卷，陈祥道撰《礼书》二百卷，陈旸撰《乐书》二百卷，建大字本《春秋左传》三十卷，剑江谭咏刊《春秋集注》十一卷，毛晃《增修互注礼部韵略》五卷（以上经部）；元修宋淳化本《汉书》残册，大字本《后汉书》残册，《晋书》残册，《梁书》残册，《陈书》残册，建州重刻杭州嘉祐本《唐书》二百五十卷，宋刊元补本《唐书》残册两部，宋刊《唐书》残册，《五代史记》残册，《资治通鉴》二百九十四卷，又残册，宋刊元印《通鉴纪事本末》四十二卷，宋刊小字本《通鉴记事本末》四十二卷，苏辙《古史》六十卷，两部，赵汝愚《国朝诸臣奏议》残册，胡寅《致堂管见》残册（以上史部）；赵善璙《自警编》残册，王钦若等《册府元龟》残册，《翻译名义集》残册（以上子部）；《欧阳文忠公集》残册三部，朱文公《晦庵文集》一百卷，两部，又残册若干部，《晦庵先生朱文公续集》十卷，《别集》十卷，《文选》残册，李善注《文选》残册，增补六臣注《文选》六十卷，李昉等编《文苑英华》一千卷,河南《程氏文集》八卷,吕祖谦撰《国朝文鉴》残册,《续文章正宗》残册（以上集部）；皆白口单边可证。而《四部丛刊》景印清内府藏宋刊大字本《孟子》十四卷,北宋刊本《资治通鉴目录》三十卷,亦白口单边也。宁只宋刊,北平图书馆藏有金刊本《尚书正义》二十卷,韩道昭撰《五音集韵》十五卷,亦白口单边也,固不仅宋刊而已。宋刊细黑口亦多。北平图书馆藏有曾穜撰《大易粹言》七十卷（口有细墨线在鱼尾上,单边）,巾箱本《左传》一百九十八叶,监本《附音春秋穀梁注疏》残册（以上经部）；两淮江东转运司刻大字本《汉书》残册,蜀大字本《宋书》、《魏书》残册（以上史部）；《锦绣万花谷前后集》残册（以上子部）；南京图书馆藏有监本《附音春秋公羊注疏》二十八卷,监本《附音春秋穀梁注疏》二十卷,皆细黑口单边。而《四部丛刊》景印宋刊细黑口本,则有《资治通鉴考异》三十卷,明翻宋淳祐本《唐宋诸贤绝妙词选》十卷焉。然黄丕烈《士礼居藏书题跋记》载有《严州新定续志》一书,称："《四库全书总目》于《景定严州续志》条下,载有'绍兴《旧志》今佚'之语,而所收者为《新定续志》。余既得之,见版口阔而黑,疑非宋刻,因思余所藏《中兴馆阁录》、《续录》有咸淳时补版,皆似此纸墨款式,间有阔墨口者。可知宋刻书非必定白口或细黑口也。古籍甚富,人所见未必能尽；欲执一二种以定之,何能无误耶？"则是宋刻书间有阔墨口者,而以白口或细黑口为多。对细黑口而言,阔墨口亦称粗黑口。或曰大黑口,则对小黑口而称。曰黑口者，则大黑口之简称。北平图书馆藏有宋刊《王状元集诸家注分类东坡先生》残册，即单边之黑口本也。至苏州张应文茂实《清秘藏》则谓："格用单边。"虽辨证之一端，然非考据要诀。《四部丛刊》景印玉田蒋氏藏宋刊巾箱本《春秋经传集解》三十卷，江安傅氏双鉴楼藏宋刊本《方言》十三卷，皆双边白口也。北平图书馆藏有明缮宋阮仲猷种德堂刊《春秋经传集解》三十卷，又宋刊蜀大字本《北齐书》残册，则双边黑口也。孙从添《藏书纪要》称："元刻黑口，一见便知。"以为元刻无白口也，然而元刻亦见有白口者。北平图书馆藏有元刊宋蔡沈撰《书集传》六卷，朱子撰《诗集传》残册，辅广撰《诗童子问》残册，元刘谨撰《诗传通释》二十卷，《春秋胡氏传》残册，元汪克宽撰《春秋胡传纂疏》残册，元王侗撰《四书集注批点》残册，《四声篇》残册（以上经部）；元胡三省《音注资治通鉴》残册，王幼学撰《资治通鉴纲目集览》残册，建安陈氏余庆堂刊《宋史》、《全文资治通鉴》，李焘撰《前集》十八卷，刘时举撰《后集》十五卷，《续资治通鉴》残册，《故唐律疏议》（以上史部）；《列子》十卷，宋《朱子成书》残册，吕大防撰《考古图》十卷，《翻译名义集》十四卷（以上子部）；《集千家注分类杜工部诗集》残册，《杜工部诗千家注》六卷，《增刊校正王状元集诸家注分类东坡先生诗》残册，黄溍撰《黄文献集》残册（以上集部）；皆黑口双边也。元刊元梁寅撰《周易参义》残册，《增修互注礼部韵略》残册（以上经部）；元刻明补本《史记》残册，元刊《辽史》残册，大字本元潘仁撰《陆宣公奏议纂注》残册，张铉撰《至正金陵新志》残册（以上史部）；元贾亨类编《算法全能集》二卷，唐刘谧撰《三教平心论》一卷（以上子部）；《集千家注批点杜工部诗》残册（以上集部）；皆黑口单边也。细黑口双边，则有元刊宋蔡沈《书集传》六卷（元刊宋蔡沈《书集传》有黑口双边本，有细黑口双边本，凡复出者，皆一书数本也），元林泉生撰《明经题断诗义矜式》五卷（以上经部）；太平路学新刊《汉书》残册，元刊明补本《晋书》残册，《宋史》残册，元尹起莘撰《资治通鉴纲目发明》五十九卷（以上史部）。细黑口单边，则有元刊元程端学撰《春秋本义》残册（以上经部）；《晋书》残册，《隋书》残册，《南史》八十卷，《北史》一百卷，宋刘友益撰《资治通鉴纲目书法》残册，元陈桱撰《通鉴续编》二十四卷，吴师道《战国策校注》残册，宋沈枢撰《通鉴总类》二十卷，《通典详节》四十二卷，宋马端临撰《文献通考》三百四十八卷（以上史部）；《别岸和尚语录》（以上子部）。而以黑口双边为最习见，犹之宋刻之多白口单边也。若元刻之白口，则北平图书馆藏有元敖继公撰《仪礼集说》残册，戴侗撰《六书故》残册（以上经部）；《五代史记》残册，宋郑樵撰《通志》二百卷，元曾先之撰《十八史略》十卷，元明善撰《龙虎山志》三卷，续一卷（以上史部）；至大重修宣和《博古图录》三十卷，宋洪迈容斋撰《容斋随笔四笔》残册（以上子部）；元郝天挺注《唐诗鼓吹》十卷（以上集部）；此白口单边也。又元刊《三国志》残册，《金史》残册，宋林虙编《两汉诏令》

残册（以上史部）；大字本宋真德秀撰《大学衍义》残册（以上子部）；此白口双边也。然则宋版白口，元刻黑口，亦风气大略之云尔。而明版独以黑口称珍罕。黄丕烈《士礼居藏书题跋记续录》谓："书籍有明刻而可与宋元版埒者，惟明初黑口版为然。所藏有《周职方诗文集》，所见有天顺《本丹崖集》，皆以黑口称珍罕也。"就所睹记：北平图书馆藏有明刊元董真卿撰《周易会通》残册，大字本《尚书旁训》（以上经部）；元王幼学撰《资治通鉴纲目集览》残册（以上三种皆黑口双边）；洪武丁丑刊《郑氏旌义编》三卷，弘治刊《三辅黄图》六卷，《大事记》残册（以上史部）；大字本《说苑》二十卷，小字本《大学衍义》残册（黑门单边。以上子部）；汉贾谊撰《贾长沙集》十卷，宋欧阳修《庐陵欧阳文忠集》残册，陈傅良《止斋先生文集》五十三卷，明庆王㮮撰《文章类选》四十卷（以上集部）。南京图书馆藏有明刊宋陆佃重刊《埤雅》二十卷（以上经部）；明太祖敕撰《大明律》三十卷（以上史部）；金李杲撰《兰室秘藏》三卷，明陈会撰《神应经》一卷，宋濂撰《龙门子凝道记》三卷（以上子部）；弘治刊唐陈子昂《陈伯玉文集》十一卷，正德刊唐岑参《岑嘉州诗》四卷及宋陆九渊《象山外集》四卷，《语录》四卷，附《行状》一卷，成化刊宋邵雍撰《伊川击壤集》二十一卷，张栻《南轩文集》四十四卷，洪武刊明贝琼《贝清江诗集》十卷（以上集部）；皆黑口也。《四部丛刊》景印明黑口本，则有南京图书馆藏唐岑参撰《岑嘉州诗》四卷，宋邵雍撰《伊川击壤集》二十卷；及江安傅氏双鉴楼藏宋林逋撰《林和靖先生诗集》四卷，常熟瞿氏铁琴铜剑楼藏正统刊元戴良撰《九灵山房集》三十卷，秀水沈氏藏元倪瓒《云林集》七卷，及涵芬楼藏成化刊元欧阳玄撰《圭斋集》十六卷，弘治刊元萨都剌撰《萨天锡前后集》二册焉。

高濂《燕闲清赏笺》论藏书，以为："宋人之书，雕镂不苟，纸坚刻软，字画如写，格用单边，间多讳字；用墨稀薄，虽着水经燥，无堙迹；开卷一种书香，自生异味。元刻仿宋单边，字画不分粗细，较宋边条阔多一线；纸松刻硬，用墨秽浊；中无讳字，开卷了无臭味。"所谓"中无讳字"者，元刻仿宋，遇宋讳不缺笔。而宋版则缺笔，视其缺笔之某字，可以觇刊本之先后。如《四部丛刊》景印日本岩崎氏静嘉堂藏北宋刊本《说文解字》三十一卷，"恒"、"贞"等字皆不缺笔；盖北宋真宗时镂版，大徐本第一刻也。间有南宋补叶，版心标出"重刊"二字，"慎"字亦缺末笔。陆心源《皕宋楼藏书志》载北宋刊《尔雅单疏》十卷，宋太祖、太宗、真宗庙讳缺末笔，余皆不缺。又白氏《六帖类聚》三十卷，"匡"、"敬"、"恒"皆缺笔，"贞"字不缺，盖皆真宗时刊本也。《皕宋楼藏书志》又载北宋刊《唐书》二百五十卷，"朗"、"匡"、"彻"、"炅"、"恒"、"桓"、"镜"、"竟"、"敬"、"贞"皆避缺；宋司马光《资治通鉴考异》三十卷，"朗"、"匡"、"乱"、"敬"、"贞"、"恒"皆缺避，"桓"字不避；宋仁宗时刊本也。涵芬楼景印百衲本二十四史中《唐书》，前有嘉祐五年六月曾公亮进书表，宋讳避至"祯"字止，而不及英宗以下，故昔人定为嘉祐进书后第一刊本。《四部丛刊》景印常熟瞿氏铁琴铜剑楼藏北宋刊晋张湛注《冲虚至德真经》八卷,"殷"、"敬"、"恒"、"贞"字有缺笔,而"顼"、"桓"不缺,亦仁宗时刊也。又景印涵芬楼藏明万玉堂翻宋本汉扬雄撰《太玄经》十二卷,遇"贞"字皆缺末笔;影钞北宋本汉许慎注《淮南子》二十一卷,阙笔至"贞"字;影宋精钞本蜀释贯休撰《禅月集》二十五卷,阙笔至"贞"字,而不避南宋讳,皆知其从仁宗时刊本出。《皕宋楼藏书志》载北宋刊《史载之方》二卷,徽宗以前讳皆缺避;"丸"不改"圆",不避钦宗嫌名,其为徽宗时刊本无疑。蜀大字本《三苏文粹》七十卷,"桓"字以下讳不缺避,盖北宋刊也。《四部丛刊》景印涵芬楼藏北宋刊司马光撰《资治通鉴目录》三十卷,宋帝讳如"殷"、"敬"、"镜"、"玄"、"弘"、"贞"、"徵"、"让"、"顼"、"树"、"桓"、"完"等字皆缺笔,字画挺秀,北宋本之至精者。明翻北宋本《黄帝内经》二十四卷,"玄"、"匡"、"镜"、"贞"、"徵"、"恒"、"炅"等字皆阙笔,嘉靖庚戌顾从德重刊北宋本也。南京图书馆藏唐杜牧撰《樊川文集》二十二卷,宋讳避"桓"、"镜"等字,是从北宋本出。《皕宋楼藏书志》载蜀大字本《汉书》残本八卷,"匡"、"殷"、"贞"、"敬"、"境"、"桓"、"竟"、"完"、"源"、"貆"、"瑴"、"让"、"构"、"购"皆缺末笔;宋刊配元覆本《隋书》八十五卷,"敬"、"慎"、"贞"、"恒"、"桓"、"构"皆缺避;宋刊中字本《唐书》二百五十五卷,"匡"、"乱"、"殷"、"敬"、"炅"、"恒"、"贞"、"顼"、"桓"、"构"皆缺避;陆状元集百家注《资治通鉴详节》一百二十卷,"朗"、"殷"、"匡"、"贞"、

"恒"、"桓"、"慎"、"构"皆缺避，而知其为高宗时刊本。而涵芬楼景印百衲本《二十四史》中《后汉书》，"桓"字作"渊圣御名"，而"构"字则作"今上御名"，知为高宗时刊本。《晋书》"构"字缺笔，而"祯"字仍作"御名"，知为绍兴中翻雕北宋监本。《四部丛刊》景印涵芬楼藏宋刊《六臣注文选》六十卷，"玄"、"匡"、"贞"、"徵"、"恒"、"桓"、"觏"、"榖"诸字皆缺笔。绍兴二年下绍兴府余姚县刊《资治通鉴》二百九十四卷，书中缺笔至"构"字止。常熟瞿氏铁琴铜剑楼藏宋绍兴三年刊《温国文正司马公文集》卷，书中"桓"字注"渊圣御名"，"构"字注"御名"；乌程蒋氏密韵楼藏明翻宋本梁《江文通集》十卷，"敬"、"镜"、"匡"、"恒"、"树"、"殷"、"贞"、"构"等字，有缺笔，盖正嘉间缮宋高宗时本也。《皕宋楼藏书志》载宋刊《纂图互注礼记》二十卷，《礼记举要图》一卷，"让"字缺笔；《晋书》一百三十卷，"匡"、"恒"、"桓"、"慎"、"构"皆缺避；《致堂先生读史管见》八十卷，宋孝宗以前，讳皆缺避，盖孝宗时刊本也。《四部丛刊》景印常熟瞿氏铁琴铜剑楼藏宋刊巾箱本《毛诗》二十卷，宋讳"匡"、"殷"、"桓"、"觏"、"慎"等字有缺笔。建安余氏刊《春秋公羊经传解诂》十二卷，"殷"、"匡"、"贞"、"桓"、"完"、"慎"等字皆缺末笔。陈道人书籍铺本唐罗隐《甲乙集》十卷，"匡"、"微"、"桓"、"树"、"构"、"慎"字有缺笔。清内府藏宋刊大字本《孟子》十四卷，"玄"、"殷"、"让"、"恒"、"畜"、"树"、"竖"、"构"、"慎"等字，皆缺末笔。海盐张氏涉园藏巾箱本《广韵》五卷，避宋帝讳，至"眘"字止。《五朝名臣言行录》十卷,《三朝名臣言行录》十四卷,宋帝讳兼避孝宗潜邸赐名"玮"字。涵芬楼藏巾箱本宋李公焕《笺注陶渊明集》十卷,"朗"、"真"、"贞"、"徵"、"桓"、"恒"、"树"、"觏"、"慎"等字缺笔,而知其为孝宗时刊本。江安傅氏双鉴楼藏影宋精钞本唐《释皎然集》十卷,"慎"字有缺笔,知从孝宗时刻摹写。《皕宋楼藏书志》载巾箱本《周易》、《尚书》、《毛诗》、《礼记》、《左传》"惇"字以上讳皆缺避,"廓"字不缺,疑是宋光宗时婺州刊本。而涵芬楼景印百衲本《二十四史》中《三国志》,宋讳避至"敦"字为止;《四部丛刊》景印涵芬楼藏宋刊《周易》十卷,"殷"、"匡"、"贞"、"徵"、"桓"、"媾"、"姤"、"敦"等字,皆为字不成;蜀中刻唐皇甫湜《皇甫持正文集》六卷,宋讳"敦"字缺笔,盖光宗时刊本也。《皕宋楼藏书志》载宋刊《北史》残册,"匡"、"恒"、"贞"、"桓"、"构"、"慎"、"徵"、"树"、"敦"、"廓"皆缺笔;宋季闽中重刊绍兴本《山谷黄先生大全诗注》二十卷,宋讳自"惇"、"廓"以上皆缺避,盖宋宁宗时刊本。北平图书馆藏有宋刊朱子《诗集传》二十卷,于宋讳"玄"、"畜"、"匡"、"树"、"殷"、"恒"、"徵"、"慎"、"敦"、"鞹"、"觏"等字,皆缺笔,亦宁宗时刊本。而《四部丛刊》景印江安傅氏双鉴楼藏宋刊《方言》十三卷,书中避讳至"廓"字止。常熟瞿氏铁琴铜剑楼藏宋刊吕祖谦撰《皇朝文鉴》一百五十三卷,"让"、"署"、"桓"、"构"、"玮"、"敦"、"扩"减笔,而理宗讳不减笔,是嘉泰间新安郡斋初印本(嘉泰,宁宗年号),非端平重修本也(端平,理宗年号)。

至《皕宋楼藏书志》载绍兴三十年重刊宋陈襄撰《古灵先生文集》二十七卷,"扩"字缺笔,避宁宗嫌名,当是绍兴刻而宁宗时修补者。《四部丛刊》景印嘉兴沈氏藏宋刊黄庭坚《豫章黄先生文集》三十卷,书中"构"字注"太上御名"者,为孝宗时元刻;遇"觏"作"覯",兼避"慎"、"郭"等字者,为光宁两宗时修版也。北平图书馆藏有淳熙刊端平、淳祐小字本《通鉴纪事本末》残册(端平、淳祐,理宗年号),宋讳如"玄"、"悬"、"县"、"朗"、"浪"、"埌"、"匡"、"筐"、"恇"、"劻"、"洭"、"胐"、"殷"、"酳"、"炅"、"颍"、"炯"、"耿"、"憬"、"恒"、"峘"、"姮"、"祯"、"贞"、"徵"、"症"、"浈"、"曙"、"署"、"树"、"恒"、"顼"、"旭"、"勖"、"煦"、"朐"、"佶"、"姞"、"完"、"棕"、"丸"、"莞"、"垣"、"遘"、"媾"、"搆"、"沟"、"冓"、"姤"、"诟"、"觳"、"慎"、"蜃"、"让"、"援",皆为字不成;"构"注"太上御名","眘"注"御名","桓"有改为"亘"者。盖淳熙时刊本多,而端平、淳祐修版少耳。此则宋讳缺笔之大略已。

长洲叶昌炽鞠裳撰《藏书纪事诗》六卷,前有同邑王颂蔚序,称:"宋刊宋印,大都用公私簿帐,以余所见,若《尔雅单疏》、《宋文鉴》、《洪氏集验方》、《北山小集》皆是也。"岂惟宋刊,元明亦有之。黄丕烈《士礼居藏书题跋记》称:"宋本每叶纸背,大半有字迹。盖宋时废纸多直钱也。宋刻本《芦川词》纸背字迹,审是宋时收粮档案,故有'更几石'、'需几石',下注'秀才'、'进士'、'官户'等字;又有'县丞'、'提举'、'乡司'等字;户籍官衔,略可考见;

粳糯省文,皆从便易。虽无关典实,聊记于此,以见宋刻宋印,古书源流,多有如是者。"莫友芝《宋元旧本书经眼录》载:"宋绍兴本《集古韵文》第三卷,纸背是开禧元年黄州诸官致黄州教授书状(开禧,宁宗年号)。古人文移案牍,用纸皆精好,事后尚可他用。苏子美监进奏院,以鬻故纸公钱祀神宴客得罪。可见宋世故纸,未尝轻弃。今官文书纸率轻薄,不耐久。"此宋刊宋印之见著录者也。叶昌炽《滂喜斋藏书记》载:"元刻宋毛晃《增修互注礼部韵略》五卷,其纸为元时户口册书,即印于纸背,谛视之,皆湖州路某县某人,云'宋民户,至元某年归顺',则湖州官库本。"北平图书馆藏有元刊宋俞琰撰《周易集说》残册,用牍背纸印。此元刊元印之可征见者也。黄丕烈《士礼居藏书题跋记》,又称:"郑元佑《侨吴集》纸背皆明人笺翰简帖,虽非素纸印本,然古气斑斓,亦自可观。宋元旧本,往往如是。"此明刊明印之见著录者。而北平图书馆藏有国子监宋刊明印宋毛晃《增修互注礼部韵略》残册,印以洪武七年粮册纸;其入声缺版,仍以牍背纸,界乌丝阑订入。此又宋刊明印之可征见者也。然高濂《燕闲清赏笺》则谓:"有种官券残纸背印更恶,不以用公私簿帐印者为贵也。"高氏生于明,去宋未远,宋刻流传,犹多佳者,故不为珍罕。至黄丕烈等生清中叶以后,去宋益远,而不罕者罕矣。亦可以觇世运之升降也。高氏谓:"宋版书以活衬纸为佳;而蚕茧纸、鹄白纸、藤纸固美,而存遗不广,若糊褙宋书,则不佳矣。余见宋刻大版《汉书》,不惟内纸坚白,每本用澄心堂纸数幅为副。今归吴中，真不可得！"张应文《清秘藏》亦称，余向见元美家班、范二书，乃真宋朝刻之秘阁，特赐两府者，无论墨光焕发，纸色坚润；每本用澄心堂纸为副，尤为精绝。"按明太仓王世贞元美家藏班、范二《汉书》，为元赵孟𫖯子昂松雪斋故物，桑皮纸，白洁如玉，四傍宽广；字大者如钱，绝有欧、柳笔法；细书丝发肤纸，墨色精纯，奚潘流沈。盖自真宗朝刻之秘阁，特赐两府；而其人亦自宝惜，四百年而手若未触者。清乾隆间，进入内府，为天禄琳琅之冠。此在元明，已为瑰宝；吾辈措大，无福得见。若在清代论宋版者，贵罗纹纸，孙从添《藏书纪要》曰："若果南北宋刻本，纸质罗纹不同；字画刻手，古劲而雅；墨气香淡，纸色苍润，展卷便有惊人之处。"黄丕烈得宋刻《图画见闻志》四、五、六共三卷，见字画方板，疑为翻宋本；而细辨字画，遇宋讳皆缺笔；而揭去旧时背纸，见原纸皆罗纹阔帘而横印者，始信宋刻宋印（《士礼居藏书题跋记》）。此是所闻。若云所见，北平图书馆藏有宋刊王钦若等撰《册府元龟》残册，罗纹纸印，亦稀秘矣。

宋刻本率由善书之士，誊写上版，故字体各异。其中以大小欧体字刻版者为最适观，以其间架波磔，浓纤得中，而又充满，无跛畸肥胀之病。黄丕烈《士礼席藏书题跋记》载宋刻《礼记》二十卷，云："字画整齐。"宋刻《史载之方》二卷，云："字画斩方，神气肃穆。"残宋刻《图画见闻志》六卷，云："字画方板；南宋书棚本如许丁卯、罗昭谏唐人诸集，字画方板皆如是。"而陆心源《皕宋楼藏书志》载宋真宗时刊白氏《六帖类聚》三十卷,云:"欧书极精。"则又在黄跋所记诸刻以前,皆用欧体者也。傥有参以他种笔意者,则尤名贵。如王世贞跋元赵文敏松雪斋藏班、范二《汉书》,云:"有欧、柳笔法。"《皕宋楼藏书志》载宋礼部官书《六韬》六卷,云:"字画方劲,有欧、颜笔意。"北平图书馆藏有宋淳熙三年刊小字本《通鉴纪事本末》残册,书法秀整,体兼颜、柳,皆罕品也。元以降,赵松雪之书盛行,刻书多仿其体;其尤著者,如至元后己卯花谿沈氏伯玉刊元赵孟頫《松雪斋集》十卷,《外集》一卷,南京图书馆有藏本,《四部丛刊》有景印本,字仿文敏,摹刻最精。其次,《皕宋楼藏书志》载元印袁桷《清容居士集》五十卷,云:"字有赵子昂笔意。"《四部丛刊》亦有景印本。吴县徐康子晋《前尘梦影录》称:"昔在申江书肆得《黄文献公集》二十二卷(黄溍撰),狭行细字,笔笔赵体;每卷后有门人宋濂、方孝孺校,即钱竹汀宫詹所见之本也。元代不但士大夫竞学赵书,其时如官本刻经史,私家刊诗文集,亦皆摹吴兴体。至明初,吴中四杰高启、杨基、张羽、徐贲尚沿其家法。即刊版所见,如《茅山志》、《周府袖珍方》皆狭行细字,宛然元刻,字形仍作赵体。沿至匏庵《家藏集》(吴宽撰),《东里文集》(杨士奇撰),仍不失元人遗意。"明天顺刊杨士奇《东里文集》二十五卷,《诗集》三卷,《续集》六十二卷,《别集》四卷,《待言录》一卷,《附录》四卷,南京图书馆藏有钞配本。然元刻亦有欧体者:北平图书馆藏有至大重修宣和《博古图录》残册,雕造精工,字模欧阳,自是模宋如此耳。明隆万间，乃有专作方体之书工以备锓板者，即今日盛行之宋体字也。吾宗梅溪先生（名泳）《履园丛话》云："有明中叶，写书匠改为方笔，非颜非欧，已不成字；近时则愈恶劣，无笔画可寻矣。"

萧山王端履小縠《重论文斋笔录》云："或谓余曰：'宋人刻书，每行字数，如其行数。如每叶二十行，则每行各二十字；每叶二十二行，则每行各二十二字。'此亦不尽然。如钱竹汀《日记钞》所载宋板《仪礼注》，每叶二十八行，行二十四字。宋刻《汉书》每叶二十八行，行二十四字。宋刻《司马温公集》，每叶二十四行，行二十字。宋刻《史记》每叶二十六行，行二十五字；又一本，每叶十八行，每行十六或十七字。宋刻《列子》，每叶二十四行，行二十五字。则其说不足据矣。"然宋版行字两较，以全版计算，多少似觉相悬；以半版计数，则出入仅一二字而已。光绪间元和江标建霞尝撰《宋元本行格表》，属湘潭刘肇隅编校之。肇隅既手自编写，间亦拾遗补阙，私以例隐括之；其自四行至二十行，与四部分列之数，及行字之先少后多，悉依江说，详注引用之书，凡二卷。其称"景宋钞本"、"景元钞本"、"明繙宋本"、"明仿宋本"者，苟非确有取证，则概附卷末为附录。盖言宋元行格者，于是而集大成焉。大抵宋版行少者，每半叶四行，行八字，如宝祐五年陈兰森所刻《干禄字书》。行多者，每半叶二十行，行二十七八字至三十字不等，如南宋刻《九经》白文（叶德辉《书林清话》）。而语涉宋帝皆空格。《皕宋楼藏书志》

所载，则有宋刊沈括《梦溪笔谈》二十六卷，影宋写廖刚《高峰集》十二卷，宋刻宋印周必大《周益文忠集》残本六十九卷，（事涉宋帝皆空一格，亦有空二格者。）宋刊《九经补韵》一卷，文天祥《新刻指南录》四卷，东莱先生《分门诗律武库前后集》三十卷可证。而元刊元印黄溍《金华黄先生文集》四十三卷，南京图书馆之有影钞本者，则语涉元帝皆顶格矣。

　　黄丕烈《士礼居藏书题跋记》载：嘉定王状元敬铭家藏严本《仪礼注》，每卷末有经若干字，注若干字，分两行。十七卷末，有经共计若干字，注共计若干字，此古式也。按：卷末记明经注字数，此为宋版经书刻式，而非子、史、集部所有。余仁仲万卷堂刊《周礼郑注陆音义》、《礼记》、《春秋公羊经传解诂》、《春秋穀梁经传范宁集解》，卷后皆记经注音义字数，已如前述。北平图书馆藏有宋刊建大字本《春秋左传》残册，每卷终有经传几千几百几拾几字。而《四部丛刊》景印涵芬楼藏宋刊《周礼》十卷，卷末各记经注字数。常熟瞿氏铁琴铜剑楼藏宋刊《尔雅》三卷，卷末总计经若干字，注若干字。长沙叶氏观古堂藏明徐氏翻宋刊《仪礼》十七卷，卷末记经注字数，与宋严州小字本同。

　　蝴蝶装者，不用线钉，但以糊黏书背，夹以坚硬护面；以板心向内，单口向外，揭之若蝴蝶翼然。阮元仿宋刻《古列女传》，其原书即如此装式。不惟宋刻，金元亦有之，以余所见于北平图书馆者：宋刻之蝴蝶装者：经部有宋朱震撰《汉上易集传》残册，曾穜撰《大易粹言》残册，汉焦赣《易林注》残册，朱子《诗集传》残册，陈祥道撰《礼书》残册（两部），陈旸撰《乐书》二百卷，又残册（两部：一部蓝皮蝶装，一部黄绫装卷首）。建大字本《春秋左传》残册，史部有两淮江东转运司刻《汉书》残册（两部），《后汉书》残册（两部：一用黄绫装，一用蓝纸），《晋书》残册（两部，一为宋刊元明递修本），蜀大字本《宋书》残册（两部），《梁书》残册，《陈书》残册，蜀大字本《魏书》残册，蜀大字本《北齐书》残册，《唐书》残册（两部，一为宋刊元补），《五代史记》残册，《资治通鉴》残册（两部），大字本《通鉴纪事本末》残册（两部：一为白皮纸，一为竹纸），小字本《通鉴纪事本末》残册。子部有宋王钦若等撰《册府元龟》残册。集部有朱文公《晦庵文集》一百卷。至于金刻，则有《尚书正义》二十卷。元刻则经部有元敖继公撰《仪礼集说》残册，《读晦庵孟子集解衍义》残册，戴侗撰《六书故》残册。史部有《晋书》残册，《南史》八十卷，《宋史》残册，《辽史》残册（三部），《金史》残册（两部），《续资治通鉴》残册，宋郑樵撰《通志》二百卷，元潘仁撰《陆宣公奏议纂注》残册，张铉撰《至正金陵新志》残册，宋马端临撰《文献通考》三百四十八卷。垂至明初，犹见蝶装，则有明初黑口本《元史》残册，永乐中用南监九行本《齐书》、十行本《晋书》、《魏书》、《隋书》印订《四史外戚传》四卷，盖蝶装书之多，未有见如北平图书馆之夥颐沉沉者，可谓洋洋乎大观也哉。徐康《前尘梦影录》曰："余在玉峰，得《鸿庆居士大全集》（宋孙觌撰），旧为澹生堂钞藏，计帙每本面叶有祁氏藏书铭,棉料纸,蓝格,五色线钉,刀口不齐。据湖州书友云:'明代人装钉书籍,不解用大刀,逐本装钉。'以此集相证始信。"盖明人切书,一本为一本,推而至于宋元本,亦无不然。北平图书馆藏宋元本残册,或蝴蝶装,或纸捻钉,或线装,皆无数本一刀切者。亦此可供鉴赏者之一证佐已。

元世祖至元十五年四月,以集贤大学士许衡言,遣使取杭州等处凡在官书籍板刻至京师(《续文献通考》)。二十七年,立兴文署,召工刻经、史、子板,以《资治通鉴》为起端(《元史·百官志》)。瞿镛《铁琴铜剑楼书目》、陆心源《仪顾堂题跋》、莫友芝《宋元本旧书经眼录》,于兴文署本至元二十七年刻《资治通鉴》二百九十四卷,皆见著录。而嘉庆间鄱阳胡克家果泉刻《资治通鉴》,即缩兴文署本。此元官本之尤著名者也。顾炎武《日知录》曰:"宋元刻书,皆在书院,山长主之(原注:'主书院者谓之山长'),通儒订之,学者则互相易而传布之。故书院之刻,有三善焉:山长无事而勤于校雠,一也。不惜费而工精,二也。板不贮官而易印行,三也。"南京图书馆藏有元至正乙巳刊宋缙云鲍彪校注元兰溪吴师道重校《战国策校注》十卷(至正,顺帝年号),第三、四、五、六卷末,有至正乙巳前蓝山书院山长刘墉重校刊一行;第八、九、十卷末有平江路儒学正徐昭文校勘一行;《四部丛刊》有景印本;而北平图书馆亦藏其残册焉(存卷四又八之十)。元时,州县皆有学田,所入谓之学租,以供师生廪饩,余则刻书;工大者,合数处为之,故雠校刻画，颇有精者（顾炎武《日知录》）。北平图书馆藏有元刊《后汉书》残册，首列景祐校正《后汉书》状，状后有"大德九年乙巳十月望日，宁国路儒学云教授任内刊"两行。《四部丛刊》景印江阴缪氏艺风堂藏元刊汉班固撰《白虎通德论》十卷，乃大德九年（大德，成宗年号），李晦以郡守刘平父藏宋监本刊于无锡县学者。而景印乌程刘氏嘉业堂藏明万历刊后汉赵晔撰《吴越春秋》十卷，末题"大德十年岁在丙午三月音注，越六月书成刊板，十二月毕工"两行，"前文林郎国子监书库徐天祐音注"一行，及绍兴路儒学校刊衔名四行，盖重开大德本也。其大部书合数处为之者：大德丙午，建康道廉访使徇太平路之请，分行十路儒学合刻《十七史》，为元代路学最善之本。其可征见者：《两汉书》则太平路，《三国志》则池州路，《隋书》则瑞州路，《北史》则信州路，《唐书》则平江路。或于版心刊明，或于卷首刊明，或于卷末刊明。南京图书馆藏有明重刊元大德太平路学本《汉书》一百卷，元大德丙午池州路学刊明修本《三国志》六十五卷，元大德瑞州路学刊本《隋书》八十五卷，元大德信州路学刊本《北史》一百卷，诸本具见名家藏书著录，其可征见者也。涵芬楼景百衲本《二十四史》，其中《隋书》、《南史》、《北史》，皆云"大德路学刊本"。《隋书》，饶州路。《北史》，信州路。独《南史》不记刊刻地名，不知属于何路？出桐学儒生赵良粲书，字迹圆密，写刻雅近南宋。元季路学刊本数见，他刻伪字，此本皆不讹，盖尤珍罕者已。《日知录》称："洪武初，悉收上国学。今南监《十七史》诸书,地理岁月,勘校工役并存,可识也。今学既无田,不复刻书;而有司间或刻之,然只以供馈赆之用,其不工反出坊本下,工者不数见也。昔时入觐之宫,其馈遗,一书一帕而已,谓之'书帕'。自万历以后,改用白金。"王士禛《居易录》云:"明时,翰林官初上,或奉使回,例以书籍送署中书库,后无复此制矣。又如御史巡盐茶、学政、部郎权关等差,率出俸钱刊书,今亦罕见。"此实出于宋漕司、郡斋刻书之习,沿为故事;然校勘不善,顾炎武谓:"其不工反出坊本下。"至今藏书家,均视当时书帕本,比之经厂坊肆,名低价贱,殆有过之。清同光间,湖北官书局刻《百子全书》中《孔丛子》,即出明书帕本;《尔雅》、《孔臧赋》、《连丛》皆删去。然其中亦自有佳者。南京图书馆藏有正德十年(正德,武宗年号)吉府重刻陆相本汉贾谊撰《新书》十卷。先是正德九年,长沙守陆相,得宋淳熙辛丑提学漕使程公旧版于故椟中,补刻成书,盖以备书帕之用者也。《四部丛刊》有吉府重刻之景印本焉。《四部丛刊》又景印江安傅氏双鉴楼藏明刊汉徐幹撰《中论》二卷;盖嘉靖乙丑,青州知府四明杜思重刻弘治本(嘉靖,世宗年号);乌程刘氏嘉业堂藏明刊宋陈傅良撰《止斋先生文集》五十三卷;盖明弘治间,编修王瓒录自秘阁,授温州守莆田林长繁,乙丑刻本,皆书帕本也。至所景印涵芬楼藏明刊唐韦应物撰《韦江州集》十一卷,有嘉靖戊申晋陵华云序,谓榷事江州,历览序传,知韦公曾刺是邦,爰刻是编,则亦书帕本也。然雕刻极精,经厂不如矣。明司礼监有经厂库以藏书板，其印本或称为经厂本。北平图书馆藏有经厂本宋朱熹撰《孟子集注》十四卷，经厂大字本唐吴竞撰《贞观政要》残册，经厂本宋真德秀撰《大学衍义》残册。南京图书馆藏有正统司礼监刊宋朱熹撰《诗集传》二十卷，正统经厂本宋陈澔撰《礼部集说》十六卷，吉府蕃正统经厂本《四书》二十六卷，附《大学中庸或问》二卷（正统，英宗年号）。此经厂本之可征见者。藩府刻本，亦称名贵，而吉府其一。其它见著录者，曰蜀府、代府、崇府、肃府、唐府、晋府（宝贤堂亦称志道堂，亦称虚益堂，又称养德书院）、益府、秦府、伊府、鲁府（敏学书院亦称承训书院）、赵府（居敬堂亦称味经堂）、楚府、宁藩、周藩、沈藩、德藩（最乐轩）、潞藩。吉府刻多诸子，晋府刻多总集，益府刻多茶书。而北平图书馆藏有嘉靖秦藩刊《史记》一百三十卷。南京图书馆藏有嘉靖鲁藩刊晋葛洪撰《抱朴子》七十卷，嘉靖秦藩刊鲍龙云撰《天原发微》五卷，嘉靖益府刊明张九韶编《理学类编》八卷，万历益藩《新刊增修大广益会玉篇》三十卷，《篇韵指南》一卷，《总目》一卷。《四部丛刊》景印者，则有南京图书馆藏鲁藩刊《抱朴子》，及涵芬楼藏赵府居敬堂刊《灵枢经》十二卷焉。明代坊肆，亦以建安为盛。可征见者，有建安务本堂，有建安书市鼎新，有书林刘宗器安正堂，有书户刘氏慎独斋，而慎独斋所刻为夥、为著。北平图书馆藏有慎独斋刊《西汉文鉴》二十一卷，《东汉文鉴》二十卷，首行石壁野人陈鉴编，次行建阳京兆刘弘毅刊印。而南京图书馆藏有正德刘洪慎独斋刊宋章如愚撰《群书考索前集》六十六卷,《后集》六十五卷,《续集》五十六卷,《别集》二十五卷；吕祖谦撰《十史详节》二百七十三卷（正德，武宗年号），务本堂鼎新，不如慎独斋之著，而时颇早。北平图书馆藏有洪武戊辰建安务本堂重刊元董真卿撰《周易会通》十四卷（洪武，太祖年号），洪武二十一年孟春建安书市鼎新刊行元尹起莘撰《资治通鉴纲目发明》五十九卷。自宋至明，六百年间，建安书市擅天下之富，而慎独斋刊则为明本之珍。高濂《燕闲清赏笺》称："国初慎独斋刻书，似亦精美。"而徐康《前尘梦影录》谓："正德时，慎独斋本《文献通考》细字本，远胜元人旧刻，大字巨册，仅壮观耳。"此坊肆之罕品也。

明人家刻之著闻者：经部则有吴郡沈辨之野竹斋刻《韩诗外传》十卷，吴郡袁褧嘉趣堂嘉靖癸巳仿宋刻《大戴礼记》十三卷。史部则有震泽王延喆恩褒四世之堂嘉靖丁亥刻《史记集解索隐正义》一百三十卷。子部则有顾春世德堂嘉靖癸巳刻老、庄、列、荀、扬及《中说》六子全书，袁褧嘉趣堂嘉靖乙未仿宋刻《世说新语》三卷。集部则有东吴徐时泰东雅堂刻宋廖莹中世彩堂《韩昌黎集》四十卷，《外集》十卷。吴郡沈辨之野竹斋校雕《韩诗外传》（沈辨之，名与文，嘉靖间人），北平图书馆有藏本，《四部丛刊》有景印本。袁褧嘉趣堂重雕《大戴礼记》，《四部丛刊》亦有景印本。震泽王延喆刻《史记》，（王士禛《池北偶谈》云："明尚宝少卿王延喆，文恪少子也，其母张氏，寿宁侯鹤龄之妹昭杀皇后同产。延喆少以椒房入宫中，性豪侈，一日有持宋椠《史记》求鬻者，索价三百金，延喆绐其人曰：'姑留此，一月后可来取直。'乃鸠集善工，就宋版本摹刻，甫一月而毕工。其人如期至索值，故绐之曰：'以原书还汝。'其人不辨真赝持去，既而复来曰：'此亦宋椠，而纸不如吾书，岂误耶？'延喆大笑，告以故，因取新雕本散置堂上，示之曰：'君意在获三百金耳。今如数予君，且为君书幻千万亿化身矣。'其人大喜过望。今所传有震泽王氏摹刻印，即此本也。"）南京图书馆有藏本，清同光间湖北官书局有仿雕本。顾春世：德堂刻《六子》，北平图书馆藏有《庄子》、《文中子中说》，南京图书馆藏有《庄子》、《荀子》、《扬子》、《文中子》，袁褧嘉趣堂刻《世说新语》，《四部丛刊》有景印本。徐氏东雅堂刻《韩昌黎集》，南京图书馆有藏本，清同光间苏州官书局有仿雕本，皆明本之精好者。

明以来，活字版盛行；出于吾无锡安国家者，流传最广，为世珍秘；其次华氏，而华氏印本，有曰"兰雪堂"，有曰"会通馆"。兰雪堂为华坚，会通馆始华燧，同县邵文庄公宝《容春堂集·会通君传》云："会通君，姓华氏，讳燧，字文辉，无锡人。少于经史多涉猎，中岁好校阅同异，辄为辨证，手录成帙，遇老儒先生，即持以质焉。既而为铜字板以继之曰：'吾能会而通矣！'乃名其所曰'会通馆'，人遂以会通称，或丈之，或君之，或伯仲之，皆曰'会通'云。"会通馆本见著录者：宋洪迈撰《容斋随笔》十六卷，《三笔》十六卷，《四笔》十六卷，《五笔》十卷（瞿镛《铁琴铜剑楼书目》、陆心源《皕宋楼藏书志》），宋赵汝愚撰《诸臣奏议》一百五十卷（见瞿镛《铁琴铜剑楼书目》），宋不知何人撰《锦绣万花谷前集》四十卷，《后集》四十卷（见缪荃孙《艺风堂藏书续记》）。而南京图书馆藏有明缗会通馆活字本《容斋随笔》至《五笔》。华坚字允刚，无可考，然燧三子曰埙、奎、壁，五行之次，火生土，皆取土旁为名；则坚从土旁，殆燧之犹子欤？（叶昌炽《藏书纪事诗》）所刻书有锡山兰雪堂华坚允刚活字铜版图记一条；可考见者，有汉董仲舒《春秋繁露》十七卷，蔡邕《蔡中郎文集》十卷（见瞿镛《铁琴铜剑楼书目》、陆心源《皕宋楼藏书志》），唐欧阳询等撰《艺文类聚》一百卷，元稹《元氏长庆集》六十卷，白居易《白氏长庆集》七十卷（见瞿镛《铁琴铜剑楼书目》）。而《四部丛刊》景印涵芬楼藏《蔡中郎文集》，即华坚兰雪堂活字本也。又有华珵者，亦以活字版著名。珵字汝德，以贡授大官署丞，善鉴别古奇器、法书、名画，筑尚古斋，实诸玩好其中，又多聚书，所制活板甚精密，每得秘书，不数日而印本出矣。其见著录者，则有宋陆游撰《渭南文集》五十卷（见黄丕烈《士礼居藏书题跋记》），左圭撰《百川学海》（见陆心源《皕宋楼藏书志》）。而华珵刻《渭南文集》，南京图书馆有藏本，《四部丛刊》有景印本。然华氏所刻书，不如安国之精。国字民泰，居积诸货，人弃我取，赡宗党，惠乡里，乃至平海岛，浚白茆河，皆有力焉。父丧会葬者五千人。尝以活字铜版印诸书，可征见者，则有唐颜真卿《颜鲁公文集》十五卷（见乌程严可均景文《铁桥漫稿》、陆心源《皕宋楼藏书志》），宋魏了翁《鹤山大全文集》一百十卷（见黄丕烈《士礼居藏书题跋记》），明沈周《石田诗选》十卷（在上海四马路博古斋书店见之）。而《颜鲁公文集》，北平图书馆、南京图书馆咸有藏本，《四部丛刊》有景印本，每叶色尾上有"锡山安氏馆"五字。而《魏鹤山集》，南京图书馆藏，阙一卷（卷第一百八），盖世尤称珍秘也。又缙宋版大字本，唐徐坚等撰《初学记》三十卷，则刻本而非活字本矣。其余丛刻书，以阳山顾元庆《四十家文房小说》为最精，而以新安程荣《汉魏丛书》为尤著焉。

清有天下，文教蔚兴。有内府刊钦定各书（见礼亲王《啸亭杂录续录》），有武英殿刊版《十三经》、《二十四史》、聚珍版丛书（通行者一百三十八种，福州重刻、杭州重刻三十九种），有各省局刻、书院刻各书。而私家刻书当以常熟毛晋子晋之汲古阁，长白纳兰性德容若之通志堂，镇洋毕沅秋帆之经训堂，余姚卢文弨抱经之抱经堂，阳湖孙星衍渊如之平津馆，歙县鲍廷博渌钦之知不足斋，江都秦恩复敦夫之石砚斋，海宁吴骞兔床之拜经楼，扬州马曰璐半查之小玲珑山馆，吴县黄丕烈荛圃之士礼居，仪征阮元芸台之文选楼，石门顾修篁崖之读画斋，三原李锡龄孟熙之惜阴轩，昭文张海鹏若云之借月山房，金山钱熙祚雪枝之守山阁，南海伍崇曜紫垣之粤雅堂，海宁蒋光煦生沐之别下斋，南海潘仕诚德畬之海山仙馆，金山钱名培梦花之小万卷楼，吴县潘祖荫伯寅之滂喜斋、功顺堂，归安姚觐元彦侍之咫进斋，陆心源存斋之十万卷楼，会稽章寿康硕卿之式训堂，遵义黎庶昌莼斋之古佚丛书，江阴缪荃孙筱珊之云自在龛，兰陵徐乃昌积余之积学斋，南浔刘承幹翰怡之嘉业堂，多者千卷，少亦数十。其刻书多倩名手工楷书者写样上版，焯焯可考见者：毛晋汲古阁刻书，则江阴周砚农荣起刊正。砚农精六书之学，王士禛《居易录》、缪荃孙《云自在龛笔记》皆著称之。陆心源《皕宋楼藏书志》，集部有王士禛池北书库旧藏江阴王逢原吉《梧溪集》七卷，周砚农手钞本，后有士禛一跋，称："壬申岁，门人杨庶常名时所贻，江阴老儒周荣起砚农氏手录本也。书学钟太傅，稍杂八分，终卷如一。砚农寿八十有七，乃卒。"尾署渔洋山人，士禛别号也。士禛《渔洋山人精华录》十卷，侯官林佶吉人手写上版，莫友芝《旧本书经眼录》极称之。汪琬《尧峰文钞》四十卷，陈廷敬《午亭文编》五十卷，亦佶写刻也。然按王士禛《香祖笔记》载："黄子鸿，名仪，常熟人。隐居博学，工书法。予刻《渔洋续集》将仿宋椠，苦无解书者。门人昆山盛诚斋侍御符升闻子鸿多见宋刻，独工此体，因礼致之，子鸿欣然而来，都无厌倦。今《续集》自首迄尾，皆其手书也。"仅于江藩《汉学师承记》及近人支伟成《清代朴学大师列传》皆著其行实。《江记》附胡渭，《支传》附顾祖禹，而《支传》较详，亦只叙其博通群籍，尤长舆地，而不知其工仿宋体书也。徐康《前尘梦影录》云："嘉庆中年，许翰屏以书法擅名。当时刻书之家，均延其写样；如士礼居黄氏，享帚楼秦氏（按：秦恩复敦夫有享帚精舍，不名楼也，此即石砚斋），平津馆孙氏，艺芸书舍汪氏（士钟），以及张古余（敦仁），吴山尊鼐诸君所刻影宋本秘籍，皆为翰屏手书。享帚楼刻吕衡州、李翱等集,顾涧翁(广圻)更觅得足本沈亚之等集七家,皆用昌皮纸,浣翰屏精写,不加装钉,但用夹板平铺,以便付梓。一技足以名世,洵然。"则于周荣起、林佶、黄仪之外,又得一人矣。亦有著书自写刻版者,则兴化郑燮克柔自写《板桥集》,钱唐金农寿门自写《冬心集》,而尤以吴县江声艮庭自与篆字《尚书集注音疏》十二卷,《经师系表》一卷,《释名疏证》八卷,《补遗》一卷,张敦仁自书草体《通鉴补识误》二卷,可谓刻版之异军突起者也。

谨为审其流别,详其沿革,述《历史》第二。

读本第三

湘乡曾国藩涤生《记圣哲画像》以为:"书籍之浩浩,著述者之众,若江海然,非一人之腹所能尽饮也,要在慎择焉而已。"南皮张之洞芗涛督学四川时,纂《书目答问》,其略例称:"读书不知要领,劳而无功;知某书宜读,而不得精校精注本,事倍功半。"然读书而必曰宋本,匪徒不能;曰能,亦徒豪举耳!海宁陈其元子庄《庸闲斋笔记》称:"好古者重宋版书,不惜以千金、数百金购得一部,则什袭藏之,不轻示人,即自己亦不忍数繙阅也。每笑其痴。王鼎臣观察定安酷有是癖,宰昆山时,得宋椠《孟子》,举以夸。余请一观,则先令人负一椟出,椟启,中藏楠木匣,开匣,乃见书。书之纸墨亦古,所刊笔画,亦无异于今之监本。余问之曰:'读此可增长智慧乎?'曰:'不能。''可较别本多记数行乎?'曰:'不能。'余笑曰:'然则不如仍读今监本之为愈耳,奚必费百倍之钱以购此耶!'王恚:'君非解人,不可共君赏鉴。'急收弆之,余大笑。"然则宋椠不易得,得亦珍罕,以骨董视之,非读本也。今为慎择约举经史子集,分别条流,取版本之易得者,要令初学者易买易读,不致迷罔眩惑而已。

（甲）经部　北宋各经注疏,皆单行;其合并为一,阮元刻南昌学《注疏》后作《校勘记》,据日本山井鼎《七经孟子考文补遗左传》一引《礼记》三山黄唐跋:"本司旧刊《易》、《书》、《周礼》正经注疏,萃见一书,便于披绎,它经独阙,绍兴辛亥,遂取《毛诗》、《礼记疏义》,如前三经编汇,精加雠正。乃若《春秋》一经,顾力未暇,姑以贻同志。"以其题年绍兴辛亥,遂谓合注于疏,在南北宋之间。宋椠经籍,有白文,有单注;而合疏于注,其后起者也。世所行者：白文以无锡秦镤刻巾箱本《九经》为佳,单注以《相台五经》为佳;而注疏合一,则以阮元南昌学刻《十三经注疏》为佳,《秦本》白文亦摹宋刻。巾箱本不分卷,简端有音,世称为澄江本,实临江府刻本也。无锡秦镤以清康熙间订正重刊（康熙,圣祖年号）。王士祯《分甘余话》云:"近无锡秦氏摹宋刻小本《九经》,剞劂最精,点画不苟,闻其板已为大力者负之而趋。余曾见宋刻于倪检讨雁园灿许,与秦刻方幅正同,然青出于蓝而青于蓝矣。"海昌吴骞兔床《拜经楼藏书题跋》载:"宋刻《九经》白文,每叶四十行,行二十七字,盖即渔洋先生《居易录》所载倪雁园尚书家小本《九经》,乃宋麻沙本之佳者,盖明锡山秦氏刊本之所祖也。其经文字句,较时本间多不同,如《曾子问》'殷人既葬而致事',下有'周人卒哭而致事'句,殆宋人因皇氏之说而增之,与日本《七经考文》所引古本相符;其余字句不及备载。又《左氏春秋》前不列惠公元妃传文一段,盖古经与传本不相联属,后人取便,合传以附经。此本首厥传文,岂先儒不敢以传前经之意欤?"然王士禛以为秦刻胜宋,而余姚卢文弨抱经则谓不如。尝见意于跋《白虎通》曰:"书贵旧刻,如《九经》小字本,吾见南宋本,已不如北宋本。明之锡山秦氏本,又不如南宋本。今之翻秦本者,更不及焉!"秦本原刻不分卷,凡《易》二十一叶,《书》二十六叶,《诗》四十七叶,《左传》一百九十八叶,《礼记》十三叶,《周礼》五十五叶,《孝经》三叶,《论语》十六叶,《孟子》三十四叶,每叶四十行,行二十七字,行密如栉,字纤如发,几可乱真,上格标载音义(见丁丙《善本室藏书志》)。其缮刻者,则每半叶十四行,行二十八字,其书为《易》三卷,《书》四卷,《诗》四卷,《周礼》六卷,《礼记》六卷,《春秋左传》十七卷,《孝经》一卷,《论语》二卷,《孟子》七卷,合五十卷,附《大学中庸章句》一卷,《小学》二卷。其所自出之宋刊,南京图书馆有藏本,盖吴骞故物也。而无锡县图书馆则藏有秦本之缮刻云。至岳珂《相台五经》,缮本不一,凡《易》九卷,王、韩注附《略例》一卷；《书》十三卷，孔传；《诗》二十卷，毛传郑笺；《春秋左传》三十卷，杜集解；《礼记》二十卷，郑注。其校刻之总例所传九经三传沿革例者称：以家塾所藏唐石刻本，晋天福铜版本，京师大字旧本，绍兴初监本，监中见行本，蜀大字旧本，蜀学重刊大字本，中字本，又中字有句读附音本，潭州旧本，抚州旧本，建大字本（俗谓"无比九经"），俞韶卿家本，又中字凡四本，婺州旧本，并兴国于氏、建余仁仲，凡二十本，又以越中旧本。注疏，建本有音释注疏，蜀注疏，合二十三本。专属本经名士，反复参订，始命良工入梓。可谓宋本之总汇矣！特是有注而无疏，未若黄唐所云"正经注疏，萃见一书"之便于披绎也。有宋十行本注疏者，即岳珂《九经三传沿革例》所载建本有音释注疏者也。其书刻于宋南渡之后，由元入明，递有修补。至明正德中，其板犹存，是以十行本为注疏合本最古之册。此后有闽板，乃明嘉靖中（嘉靖，世宗年号）用十行本重刻者。有明监版，乃明万历中（万历，神宗年号）用闽本重刻者。有汲古阁毛氏版，乃明崇祯中（崇祯，思宗年号）用明监本重刻者。而究其朔，则辗转出十行宋本。阮元家所藏十行宋本，有十一经，但无《仪礼》、《尔雅》，而有苏州北宋所刻之单疏版本，为贾公彦、邢昺之原书。此二经更在十行本之前。元旧作《十三经注疏校勘记》，虽不专主十行本、单疏本，而大端实在此二本，嘉庆末（嘉庆，仁宗年号），巡抚江西，因以二本模刻为南昌学官本。《易》则校以唐《开成石经》本（开成，文宗年号），岳珂刻单注本，钱曾校单注单疏两本，卢文弨传录明钱孙保求赤校影宋注疏本，十行九卷本，闽监本（即南监），监本（即北监），毛晋汲古阁本，日本山井鼎、物茂卿《七经孟子考文补遗》引古本，足利本，宋本。《书》则校以唐《石经》本，宋《临安石经》本，岳珂单注本，宋十行本，闽监本，监本，明葛鼒永怀堂刻单注本，《七经孟子考文补遗》引宋版本。《诗》则校以唐《石经》本，南宋《石经》残本，孟蜀《石经》残本，南宋刻十三行、行二十四字、小字本，武英殿重刻岳珂单注本，明十行行十八字本（小注行二十三字），七十卷注疏本，闽监本，监本，汲古阁本，《七经孟子考文补遗》引古本。《周礼》则校以唐《石经》本，钱孙保旧藏宋刻单注本（宋椠小字本附载音义，春官、夏官、秋官、冬官，余仁仲本天地二官，别一宋本，秋官以俗本抄补，非佳者，以臧庸据宋刻大字本秋官二卷校补），明嘉靖刻单注本（八行十七字，不附音义），惠栋校宋注疏本（附释音十行十七字，注双行二十三字），闽监本，监本，汲古阁本。《仪礼》则校以唐《石经》本，宋严州刻单注本，明嘉靖徐氏翻宋刻单注本，明钟人杰刻单注本，明葛鼒永怀堂刻单注本，北宋咸平刻单疏本（十五行三十字。咸平，真宗年号），闽监本，监本，汲古阁本。《礼记》则校以唐《石经》本，南宋《石经》本，岳珂单注本，明嘉靖刻单注本（此与《周礼》、《仪礼》同为徐氏刻本），正德修补南宋附刻释音注疏十行本（正德，武宗年号）。闽监本，监本，汲古阁本，惠栋据不附释音宋刻《正义》校汲古阁本，卢文弨、孙志祖校汲古阁本，《七经孟子考文补遗》引宋板本释文，叶林宗影宋抄本，宋淳熙抚州公使库刻本（淳熙，孝宗年号）。《左传》则校以唐《石经》本，南宋刻《春秋集解》残本（十行，字数不一），北宋刻小字集解残本（十一行，二十三四五字不一），宋淳熙刻小字附释音本（十行十八字，注双行二十二字），岳河单注本，宋刻纂图集解本（十行，行字数不一），宋庆元沈中宾刻《正义》本（八行，行十六字，注双行二十二字。庆元，宁宗年号），明正德修补宋刻注疏本（十行十七字，注双行二十三字），闽监本，监本，明吴士元、黄锦等重修监本，汲古阁本。《公羊》则校以唐《石经》本，惠栋过录何煌校宋注疏本，明正德修补宋监本，闽监本，监本，汲古阁本。《穀梁》则校以唐《石经》本，何焯校宋余仁仲刻单注残本，明章邱李中麓（名开先）藏影宋钞单疏残本，何煌校元刻注疏本，明刻十行本，闽监本，监本，汲古阁本。《尔雅》则校以唐《石经》本，明吴元恭仿宋刻单注本（八行十七字），元雪窗书院刻单注本（十行十九字，注双行二十六字），宋刻单疏本（十五行三十字），元刻注疏本（九行二十字），闽监本，监本，汲古阁本，惠栋校本，卢文弨校本，《释文》，叶林宗影宋钞本，卢文弨《释文》考证本。《论语》则校以汉《石经》残字，唐《石经》本，宋绍兴《石经》本，日本刻皇侃义疏本，陈鱣《论语古训》引高丽本，明修补宋刻注疏本（十行十七字），闽监本，监本，汲古阁本。《孝经》则校以唐《石经》本，石台石刻本，宋熙宁石刻本，岳珂单注本，明正德修补元泰定刻注疏本（十行十七字，注双行二十三字），闽监本，监本，汲古阁本。《孟子》则校以宋高宗行书石刻本，何焯校录章邱李中麓藏北宋蜀刻大字单注本，何焯校宋刘氏丹桂堂刻单注巾箱本，何焯校岳珂单注本，何焯校宋廖莹中刻本，孔继涵刻附音义单注本，韩岱云本，宋刻注疏十行本，闽监本，监本，汲古阁本，《七经孟子考文补遗》引古本，足利本（据《十三经注疏校勘记》）。为校勘记，附于每卷之末，罗列诸家异同，使人读一本，如遍读诸本。又恐读者不知此文之有异同也，故凡有异文者，于字旁加墨围焉；有增有减者，于两字之间加墨围焉。其为读者计，固甚周矣。然余读海宁陈鳣仲鱼《经籍跋文》一卷，凡二十篇，宋本《十三经》、《四书》具备，独《毛诗注疏》为元本耳。所记字句与今本异同，多有阮元《校勘记》所未见者，元校刻亦未竣事，而调抚河南。其子福喜孙撰《雷塘盦弟子记》称："校书之人，不能如家大人在江西之细心。其中错字甚多，有监本、毛本不错，而今反错者。《校勘记》去取亦不尽善，故大人不以此刻本为善也。"特是彼善于此，卒未见有过之者。广东、四川皆有缮本，而于诸墨围皆不刻，大失阮元之意。独光绪甲辰（光绪，德宗年号）上海点石斋石印本，墨围俱在；密行细字，而幅之广狭损半焉。

朱子《四书》，凡《大学章句》一卷，《论语集注》十卷，《孟子集注》十四卷，《中庸章句》一卷，其中《大学中庸章句》有序，署淳熙己酉，而淳熙己酉原板《四书》，江南相传仅二部：一藏汪士钟阆源之艺芸精舍，一藏蒋培泽介青之寿松堂。而蒋氏所藏缺公孙丑二卷，于咸丰己未（咸丰，清文宗年号）假常熟瞿氏铁琴铜剑楼本，得成完璧。铁琴铜剑楼本，盖即汪氏所藏者。而蒋氏寿松堂，则为元刊宋本，由钱唐丁丙松生之八千卷楼以入南京图书馆矣。中华书局《四部备要》则有据吴县吴氏仿宋本校刊《四书》云。

（乙）史部 《四库提要》以《二十四史》为正史，冠列史部。其汇刻行于世者：有明南北监之《二十一史》，有毛晋汲古之《十七史》，有清武英殿之《二十四史》，有金陵、淮南、江苏、浙江、湖北五局儳配之二十四史。明南监本，多存宋监、元路学旧板，其无正德以后修补者，品不亚于宋元。北监校勘未精，讹舛弥甚，且多不知妄改，顾炎武《日知录》既详论之。汲古开雕，称"随遇宋版精本考校"，然讹脱不少，反多臆改。孙从添《藏书纪要》曰："毛氏汲古阁《十三经》、《十七史》，校对草率，错误甚多，不足贵也。"其为世最所通行者，莫如武英殿本。乾隆四年（乾隆，高宗年号）武英殿校刊《十三经》毕，乃援宋监"顾兹《三史》，继彼《六经》"之语，开雕全史，其目次为《史记》、《汉书》、《后汉书》、《三国志》、《晋书》、《宋书》、《南齐书》、《梁书》、《陈书》、《魏书》、《北齐书》、《周书》、《隋书》、《南史》、《北史》、《旧唐书》、《新唐书》、《五代史》、《宋史》、《辽史》、《金史》、《元史》，凡二十二史，中缝鱼尾上右方，题"乾隆四年校刊"，每卷皆有考证。《明史》雕成在先，中缝不记刊行年岁，亦无考证。乾隆三十七年，四库馆开，从《永乐大典》中辑得薛居正《五代史》，四十七年校毕投进，四十九年镂板，首列多罗质郡王等表文。钦定《四库全书》以此列入正史，与《二十二史》、《明史》，合为二十四史。道光十七年（道光，宣宗年号），武英殿重修并刻《辽》、《金》、《元》三史附《国语解》。同治十三年（同治，穆宗年号），成都书院重刻武英殿《史记》、《汉书》、《后汉书》、《三国志》、《五代史》。至于金陵、江苏、淮南、浙江、湖北五书局合刻《二十四史》，其中金陵书局刻《史记》（仅刻《集解》，无《索隐》《正义》）、《汉书》、《后汉书》、《三国志》、《晋书》、《宋书》、《南齐书》、《梁书》、《陈书》、《魏书》、《北齐书》、《周书》、《南史》、《北史》，淮南书局刻《隋书》（每卷各附考异），浙江书局刻《新唐书》，湖北书局刻《新五代史》，皆依汲古阁本。浙江书局刻《旧唐书》，则依江都岑氏惧盈斋本。而依武英殿本者，仅湖北书局刻《旧五代史》、《明史》，浙江书局刻《宋史》，江苏书局刻《辽》、《金》、《元》三史（《辽》、《金》、《元》三史，依道光十七年武英殿刊附钦定《辽金元三史国语解》四十六卷，厉鹗《辽史拾遗》二十四卷，杨复吉《拾遗补》五卷，钱大昕《元史氏族表》三卷，《补元史艺文志》四卷）六书而已。光绪间，泰西石印法初传至中国时，粤之徐氏创同文书局，印精本书籍；最著名者为覆印武英殿《二十四史》，皆全张付印。徒以所得非初印本，字迹漫漶，乃延人描使明显，便于付印；又书手非通人，遇字不可解者，辄改以臆，讹谬百出。尤可笑者，自明所据乾隆四年本，而不知四年所刻，固无《旧五代史》，又未见乾隆四十九年殿本，辄依殿板行款，别写一通板心，亦题乾隆四年，书估无识，有如此者。然世乃以其字迹清朗，称为佳本。竹简斋印

《二十四史》，遂用同文书局本，故错字一仍其旧；而以合两行为一行，有错行者，有应另行而图省纸，句前行并为一者；至诸表则强以次叶附于前叶之下，乖舛不可究诘。钱唐汪康年穰卿《雅言集》论之甚详。独涵芬楼《四部丛刊》景印，为得武英殿本之真。然武英殿刻虽号精审，而天禄琳琅之珍秘，内阁大库之丛残（现入北平图书馆），史部美不胜收，当日均未及搜讨；仅仅两《汉》、《三国》、《晋》、《隋》五史，依据宋元旧刻，余则惟有明两监之是赖。迁史《集解》《正义》多所芟节，《四库提要》罗列数十条，谓皆殿本所逸；若非震泽王本具存，无由知其妄删，然何以不加辑补？琅邪章怀《两汉》旧注，殿本脱漏数字乃至数百字不等。宋嘉祐时，校刊七史（嘉祐，仁宗年号），奉命诸臣刘恕、曾巩、王安国等，皆绩学之士，篇末所疏疑义，备极审慎，殿本留贻，不逮其半；实则淳化、景祐之古本，绍兴眉山之复刻（淳化，太宗年号；景祐，仁宗年号；绍兴，高宗年号），尚存天壤，何以不亟探求，任其散佚？是则检稽之略也。《后汉续志》别于《范书》，殿本既信为司马彪所撰，而卷首又称刘昭补志；且并为百二十卷，厕《八志》于纪传之间。《国志》鼎立，分卷各殊，殿本既综为六十五卷，而三志卷数，又仍各为起讫。其他大题、小题之尽废旧式者，更无论矣，是则修订之歧也。薛氏《五代史》，辑向《永乐大典》及其他各书，卷数具载原稿，乃锓板之时，悉予刊落；后人欲考其由来，辄苦无从循溯。又诸史均附考证，而《明史》独否；虽乾隆四十二年，有考核添修之诏；而进呈正本，迄未刊布。

且纪、志、表之百十六卷,犹从盖阙。是则纂辑之疏也。蜀臣关羽,传自陈寿,忽于千数百年后,强代秉笔,追谥"忠义"。《薛史》指斥契丹,如戎主、戎首、狎犹、贼寇、伪命、犯阙、编发、犬羊等语,何嫌何疑,概为改避?又明修《元史》,洪武二年(洪武,太祖年号),先成《本纪》三十七,《志》五十三,《表》六,《传》六十三,《目录》二。翌年,续成《纪》十,《志》五,《表》二,《传》三十又六,厘分附丽,共成二百一十卷;一见于李善长之表,再见于宋濂之记。殿本则取先后成书之数,并为一谈,李《表》既非原文,宋《记》复失存录,是则删窜之误也。《南齐》巴州之志,桂阳、始兴二王之传,蜀刻大字,曾无阙文,果肯访求,何难拾补?然此犹可曰"孤本罕见"也。宋孝宗之纪,田况之传,至正初刊,均未残佚(至正,元顺帝年号),而何以一则窜合二字,充以他叶;一则脱去全叶,文理不贯?然此犹可曰"初版难求"也。《金史·礼仪志》、《太宗诸子传》,初印凡阙二叶,嗣已出内府藏本校补矣,而后出之本,一乃补自他书,一仍空留素纸;其他少则一二句,多至数行、数十行,脱简遗文,指不胜屈。犹不止此,阙文之外,更有复叶,如《宋史》卷三十五之《孝宗纪》,《元史》卷三十六之《文宗纪》是。复叶之外,更有错简,如《元史》卷五十三之《历志》是。此则当日校刻诸臣,不能辞其粗忽者也!海盐张元济菊生每有慨乎言之,乃从事搜辑精刻。如宋庆元建安黄善夫刊本《史记》,宋景祐刊本《汉书》,宋绍兴刊本《后汉书》,宋绍熙刊本《三国志》,宋绍兴重刊北宋本《晋书》,宋蜀大字本配元明递修本《宋书》、《梁书》、《魏书》、《北齐书》，宋蜀大字本《南齐书》、《陈书》、《周书》，元大德刊本《隋书》、《南史》、《北史》，宋绍兴刊本，配明嘉靖本《旧唐书》，宋嘉祐刊本《唐书》，吴兴刘氏刊原辑《大典》本，《旧五代史》，宋庆元刊本《五代史记》，元至正刊本《宋史》、《辽史》、《金史》，明洪武刊本《元史》，而配之于清乾隆殿本《明史》，为百衲本《二十四史》，付涵芬楼用摄影复印行世，缩损版式，冀便巾箱。其中所得宋本十有五种，元本六种，明本一种，以校殿本，有正文多出数叶者，有史注多出数十条者，其余订讹补阙不胜枚举，洵足以补殿本之罅漏，而为乙部空前之秘笈矣。名之曰"百衲本"者，始见嘉定王鸣盛西庄《十七史商榷》载："有某氏者，自夸集诸宋版《史记》，共成一书，凡一百三十卷，小大长短咸备，因李沂公取桐丝精者杂缀为一琴，名'百衲琴'，故亦戏名此为《百衲史记》。"涵芬楼盖有影宋《百衲本史记》，影宋《百衲本资治通鉴》云。

　　司马光《资治通鉴》，以嘉庆间鄱阳胡克家果泉刻胡三省注为通行。而胡克家刻，则缱元兴文署刊本。莫友芝《宋元旧本书经眼录》载："元兴文署刊本《资治通鉴》胡三省注二百九十四卷，装九十六册；刻字体多波折，四边线极粗。嘉庆间，鄱阳仿刻，亦称善本，而未能毕似也。明正嘉以来，是版归南监，递有修补。此本则元末版未漫漶时印。"盖明以来刻《通鉴》祖本也。明南监本出于此，胡克家刻出于此。而胡克家之刻，其校雠属之元和顾千里涧蘋。千里《思适斋集》有《通鉴刊误补正序》,有《书元版胡三省注通鉴第八十卷后》,于兴文署刊亦有微词。其《通鉴刊误补正序》曰:"前鄱阳胡果泉中丞缮雕梅磵注《通鉴》(胡三省字梅磵)。史家此书空前绝后,然有三误:温公就长编笔削,不复一一对勘元文,遂或失于检照。是其一也。梅磵虽熟乙部,间有望文生义,乃违本事。是其二也。今所据兴文署本,并非梅磵亲所开刊,故于正文,有未审温公之指时错者;于注,有未识梅磵之意而舛者。是其三也。当各纂为一书,博择众说,且下己意。夫知前之二误,非遍究《十七史》而兼以旁通不办。知后之一误,必又资于兴文以上旧本。"而《书元版胡三省注通鉴第八十卷后》,则举《通鉴》晋咸宁五本"禹分九州"一事,以证兴文署刊之有脱讹,胡三省《注》之当辨正。而兴文以上旧本之无胡三省注者,则有涵芬楼《四部丛刊》景宋绍兴重刊元祐杭州本焉(元祐,哲宗年号)。

(丙)子部　周秦诸子自名家学,汇刊始盛明之嘉靖、万历。而校雠极盛清之乾隆、嘉庆,有如余姚卢文弨抱经之校刻《荀子》二十卷,贾谊《新书》十卷,董子《繁露》十七卷,蔡邕《独断》二卷,《颜氏家训》注七卷;镇洋毕沅秋帆之校刻《山海经》十八卷,《墨子》十五卷,目录一卷,《吕氏春秋》高诱注二十六卷;阳湖孙星衍渊如之校刻《六韬》六卷,《晏子春秋》七卷,《孔子集语》十七卷,《孙子》魏武帝注二卷,《孙子十家注》十三卷,《吴子》一卷,《燕丹子》三卷,《盐铁论》十卷,《抱朴子内外篇》八卷;全椒吴鼐山尊之校刻《韩非子》附顾广圻《识误》二十卷；江都秦恩复敦夫之校刻《列子》卢重元注八卷，《鬼谷子》陶弘景注一卷，《法言》李轨注十三卷；嘉善谢墉金圃之校刻《荀子》杨倞注二十卷；武进庄逵吉伯鸿之校刻《淮南子》高诱注二十一卷；西吴严万里叔卿之校刻《商君书》五卷；萧山汪继培之辑注《尸子》二卷，笺《潜夫论》十卷，咸称善本。其汇刻行于世者，则有缮刻明嘉靖癸巳顾春世德堂大字本之《六子全书》(《老子》二卷，河上公章句；《庄子》十卷，晋郭象注、唐陆德明音义；《列子》八卷，晋张湛注；《荀子》二十卷，唐杨倞注；《扬子法言》十卷，宋司马光集注；《文中子》十卷，宋阮逸注)。有明万历戊午常熟赵用贤之《管韩合刻》。有清嘉庆丁卯苏州书坊汇刻之《十子全书》。有同治间湖北崇文书局汇刻之《百子全书》。有浙江书局汇刻之《二十二子》。世德堂素称佳刻，然未若浙江书局汇刻《二十二子》之出清儒雠校本。先是同治十三年甲戌之秋，浙江书局欲刻诸子，购得《十子全书》一部，而德清俞樾曲园在苏州从坊间假得观之，乃嘉庆甲子重镌本也。《十子》者，《老》、《庄》、《荀》、《列》、《管》、《韩》、《淮南》、《扬子》、《文中》、《鹖冠》也；首刻康熙十六年张芳序，则为《庄子》而作，不知何以取冠全书？又刻嘉庆丁卯黄丕烈序，则为王子兴刻《九子》而作；《九子》者，《荀》、《扬》、《文中》、《老》、《列》、《庄》、《鹖冠》、《管子》、《淮南》也；视《十子》少《韩非子》，不知何以并为一谈也？《十子全书》，本非佳刻；其中惟《荀子》用谢墉本，《淮南子》用庄逵吉本，尚不乖大雅。而重镌本又坊间逐利杂凑而成,体例不一。樾谓未可据依,因诒书力争于浙江巡抚杨昌濬。《春在堂随笔》详载之。然仁和谭献《复堂日记》则称:"浙江书局刻诸子:《荀子》,谢墉、卢文弨本。《董》、《贾》皆卢本。《法言》,秦恩复本。《中说》,明世德堂本。《老子》,会稽章氏原本校聚珍官本。《文子》,聚珍本。《管子》,明赵用贤本。《孙子》,孙星衍十家注本。《商君书》,湖州严万里本。《韩非》,吴鼒、顾广圻本。《墨子》,毕沅、孙星衍本。《吕氏春秋》,毕沅本。《淮南》,庄逵吉本。《尸子》,汪继培辑本。《晏子春秋》,孙星衍本。《列子》、《庄子》,皆世德堂本。"凡十八子,荟萃名刻,岂曰徒然;与《春在堂随笔》不同,岂俞樾一书之力耶?惟浙刻今《二十二子》中《老子》署据华亭张氏本校刻,似与谭记《老子》会稽章氏原本校聚珍官本者不同;然华亭张氏本者,盖聚珍官本之所自出。浙刻《老子》,名为据华亭张氏本,实据浙江聚珍本;观其附识称遵聚珍本校,及"玄"皆避清讳作"元",可见也。至谭氏之所未记者:《黄帝内经》,明武陵顾氏景宋嘉祐本。《山海经》,毕沅本。《竹书纪年》,徐文靖本。《孔子集语》,孙星衍辑本。合谭《记》十八子称《二十二子》。谭《记》又称:"欲广之《韩诗外传》,赵怀玉本;《吴子》,孙星衍本;《盐铁论》,汪继培本;《新论》,孙冯翼辑本;《潜夫》,汪继培本;《抱朴子》,孙星衍、严可均本;《说苑》、《新序》、《傅子》、《正论》、《申鉴》未见善本;以上皆《群书治要》所收。又欲广以《太玄》,万玉堂本(《天禄琳琅后编》著录误入宋版,实明刻也);《论衡》足本，闽中周季贶藏；《文心雕龙》，黄叔琳本，顾广圻校；《金楼子》，鲍氏知不足斋丛书本；刘子无善本；《风俗通义》，有钱校本。如此则唐以前成家著述备矣。以许迈孙所藏足本《意林》续之，岂非艺林盛事！"此则谭氏之所欲广，而浙刻之未及备矣。浙刻《二十二子》，卷端多署据某本刻；而湖北崇文书局刻《百子全书》，则不著何据。然就谭献校读而著之日记，亦有可考见者：《孔子家语》，宋薛据本。《孔丛子》，明书帕本，《尔雅》、《孔臧赋》、《连丛》皆删去。而《荀子》则胜卢校所摘俗本；盖颇杂用宋元本，又多依注改定。《邓析子》，江山刘履芬彦清得宋本景写付刻，谭氏为撰校文；瑞安孙诒让仲容又撰《拾遗》，大都据《意林》、《绎史》及旧钞本；而鄂刻则与谭、孙所见钞本合云。《尸子》，孙星衍本。《韩非》，赵用贤本，后数卷中有意改数处，故与浙刻吴鼒《韩非》后顾广圻《识误》所云今本不全合。《太玄》，五柳居陶氏刻《司马公集注》影宋本。《墨子》，毕沅本，而中有依高邮王念孙石臞《读书杂志》刊正者。《鬼谷子》，似出《道藏》本，脱误至数十百处（博尝以正统藏本、秦刻、鄂刻《鬼谷》三本互校，其中颇有一二处鄂刻胜者）。《鹖冠子》出《十子书录》朱养纯评本。《金楼子》出鲍氏知不足斋丛书本。《白虎通》，据何允中本。《牟子》，孙星衍本。《山海经》与郝懿行《笺疏》所据藏本不同，往往合于《艺文类聚》所引；鄂刻补遗，郝本仅有五则，参差互异，未详鄂本所出。《列子》同明人仿宋刻。《庄子》校世德堂本多合，无注，附杨慎《庄子阙误》；杨氏所见旧本，颇有可取。凡十六种。而亦有与浙刻合者，如《墨子》之用毕沅，《庄子》之用世德堂是也，惟浙刻连注，而鄂刻去注耳。鄂刻不称佳本，而浙刻颇有名。然《谭记》又称浙刻毕沅本《山海经注》二卷，不知何人校，卷四坏失二十字，又有跳行误连上文者（不在刻本，见吾友徐夷吾薇生《复堂日记补录》稿本），则亦不免乖剌。然底本佳，终是可据。

（丁）集部　文集猥众，难以遍纪，于是总集尚焉。一则网罗放佚，使零章残什，并有所归；一则删汰繁芜，使莠稗咸除，菁华毕出。是固文章之衡鉴，著作之渊薮也！自魏文帝始集陈、徐、应、刘之文，自是以后，渐有总集。传于今者，《文选》最古矣。梁昭明太子萧统撰，唐文林郎、守太子右内率府录事参军、事崇贤馆直学士江都李善为之注。《新唐书·李邕传》称："其父善始注《文选》，释事而忘义，书成以问邕，意欲有所更。善因令补益，邕乃附事见义，故两书并行。"今本事义兼释，似为邕所改定。然考李匡乂《资暇集》曰："李氏《文选》有初注成者，有复注者，有三注、四注者，当时旋被传写。其绝笔之本，皆释音训义，注解甚多。"匡乂唐人，时代相近，其言当必有征。是善之定本，本事义兼释，不由于邕。《旧唐书·儒学传》载李善受曹宪《文选》之学，号为精审。至开元六年，工部侍郎吕延祚复集衢州常山县尉吕延济，都水使者刘承祖之子良，处士张铣、吕向、李周翰五人共为之注，表进于朝。其诋善之短，则曰："忽发章句，是征载籍，述作之由，何尝措翰？使复精核注引，则陷于末学；质访旨趣，则巍然旧文。只谓搅心，胡为析理！"其述五臣之长，则曰："相与三复乃词，周知秘旨；一贯于理，杳测澄怀。目无全文，心无留意，作者为志，森然可观。"观其所言，颇欲排突前人，高自位置。然李匡乂《资暇集》备摘其窃据善注，巧为颠倒，条分缕析，言之甚详。又姚宽《西溪丛语》诋其注扬雄《解嘲》，不知伯夷、太公为二老，反驳善注之误。王楙《野客丛书》，诋其误叙王暕世系，以览后为祥后，以昙首之曾孙为昙首之子，则不如善注，久有定论。其书本与善注别行，故《唐志》各著录，黄伯思《东观余论》，尚讥《崇文总目》误以五臣注本置李善注本之前；至陈振孙《书录解题》，始有《六臣文选》之目。盖南宋以来，偶与善注合刻，取便参证；元明至今，遂辗转相沿，并为一集。其行世者：六臣注，有明吴郡袁褧仿宋裴氏本；李善单注，有胡克家仿宋尤丞相本，可作虎贲中郎，咸称佳刻。袁褧刻，南京图书馆有藏本；而涵芬楼《四部丛刊》又有景宋刊《六臣注文选》六十卷。胡克家刻，有湖北崇文书局缮本，有广州缮本。宋版书自来为人珍贵者：一、《两汉书》，一、《文选》，一、《杜诗》，皆元赵文敏松雪斋故物。《两汉书》，尝为明太仓王世贞元美家藏，而于乾隆时进入内府者。《文选》亦在内府，二十三卷，后有赵文敏小行楷书跋云："霜月如雪，夜读阮嗣宗《咏怀诗》，九咽皆作清泠气。而是书玉楮银钩，若与镫月相映，助我清吟之兴不浅！至正二年仲冬三日夜，子昂识。"亦有王世贞跋云："余所见宋本《文选》，亡虑数种。此本缮刻极精，纸用澄心堂，墨用奚氏，旧为赵承旨所宝。往见于同年生朱太史家,云得之徐太宰所,几欲夺之,义不可而止。"又有万历甲戌人日王穉登书云:"此本纸墨锓摹,出良工之手;政与琅玡长公所藏《汉书》绝相类。《汉书》有赵魏公小像,此书有公手书,流传至今,仅三百年,而卷帙宛然。今归朱司成象玄,出示谛赏。此本视《汉书》,亦犹蜀得其龙,吴得其虎矣!"又董其昌跋云:"颜真卿书《送刘太冲序》后,有'宋四家书派,皆宗鲁公'之语,则知北宋人学书,竞习颜体,故摹刻者以此相尚;其镌手于整齐之中,寓流动之致,洵能不负佳书。至于纸质如玉,墨光如漆,无不各臻其妙。在北宋刊印中,亦为上品。"乾隆御题云,此书董其昌所称与《汉书》、《杜诗》鼎足海内者也。纸润如玉,南唐澄心堂法也,字迹精妙,北宋人笔意。《汉书》现在大内,与为连璧;不知《杜诗》落何处矣!"《天禄琳琅目》载宋版书甚多,而御题云:"若此者亦不多得。"嘉庆二年,武英殿灾,与《汉书》同归一烬,神物久归天上矣!

清自桐城方苞望溪以义法为古文,其邑人刘大櫆耕南继之。而姚鼐姬传私淑于大櫆,又以所闻授门人上元梅曾亮伯言、管同异之及兴县康绍镛兰皋、江宁吴启昌佑之,为《古文辞类纂》,为十三类,曰:论辨、序跋、奏议、书说、赠序、诏令、传状、碑志、杂记、箴铭、赞颂、词赋、哀祭,每类自为之说,分隶简首,自明去取之意甚当;而于先秦、两汉自唐宋诸家以迄于清,究极端委,综核正变。其书有嘉庆末康绍镛刻七十四卷(每卷末有"合河康氏刻梓家塾"长方印），有道光五年吴启昌原刻本（每卷有"金陵吴氏佑之校刊"长方印），有光绪辛丑滁州李承渊求要堂校刊本，而据李承渊校刊后序称："姚氏命名《古文辞类篹》，'篹'字本《汉书·艺文志》序《论语》云：'门人相与辑而论篹，故谓之《论语》。'颜师古注'篹，与撰同'。康氏不明篹字所由来，误刊为《古文辞类纂》。至今《古文辞类纂》之名大著，鲜有知为篹字本义者已！其它通行本题作纂者，皆承康刻之误也！"吴氏刻后来居上，而胜康刻者有数端：书中姚氏加案及引他人之评语，吴刻皆双行小注，附于篇末，当为原本如是。而康刻则一律升为大字，列诸每篇文题之后。惟卷二柳子厚《桐叶封弟辩》，姚氏引姜坞先生云云，仍作双行小注，附于篇末，当即康氏所窜改未尽者。此其一。吴刻七十五卷，系足本，康刻阙一卷。此其二。康刻据乾隆中叶姚氏主讲扬州梅花书院订本，而吴刻则据姚氏晚年主讲钟山书院所授本，所有姚氏晚年评语，康刻皆无之。此其三。康刻多讹字夺句，往往有文理扞格不通之处；检吴刻可以校正其误。此其四。综此数端，其于康刻，实有雅、郑之别。惜板存金陵，毁于洪、杨，传本甚稀，不易多觏也。迄光绪之世，滁州李氏好姚篹，参据康、吴两刻，而见《史记》、前后《汉书》、《文选》及司马光《资治通鉴》，宋元以后、康熙以前各家专集旧椠，有关姚氏篹录之文，随时校勘字句，用朱墨笔注上下方。其圈点则自姚氏少子曰雉藏本转录者也。既博考群书，正其句读，矻矻二十年，勒为定本，殆视康、吴两刻弥为后来居上矣。挽近以来，又有张刚校刻之吴挚甫先生手辑五色评点姚选古文真本,徐树铮辑刊之诸家评点本,类皆辑集诸家批点,旁考诸集评识,标于眉间,颇便学者,则又于康、吴、李三刻之外,别成一家已。

(戊)类书 类事之书,兼收四部,而非经非史,非子非集,四部之内,乃无类可归。《皇览》始于魏文;晋荀勖《中经簿》分隶何门,今无所考。《隋书·经籍志》始隶子部。不知古人之所以自命一子者,以其旨无旁出,而各有立言之宗也。至类书之辑,不过以广搜采,备检考;其书有经有史,其文或墨或儒,博涉而无所宗;抄撮前人典籍,岂所语于立言而可擅名家哉!然古籍散亡,十不存一;遗文旧事,往往托以得存。《艺文类聚》、《初学记》、《太平御览》诸书,残玑断璧,撷拾不穷。阮元谓:"《太平御览》一书,成于太平兴国八年(太平兴国,太宗年号)。北宋初,古籍未亡,其所引秦汉以来之书,多至一千六百九十余种。考其书传于今者,十不存二三焉。然则存《御览》一书,即存秦汉以来佚书千余种矣!"(见《揅经室三集·重刻宋本〈太平御览叙〉》)此为《太平御览》言之,然而不仅为《太平御览》言之。《艺文类聚》一百卷,唐欧阳询撰。其书比类相从,事居于前,文列于后,览者易为检,作者资其用;诸类书中,体例最善。至清未有刊本。北平图书馆藏有一部明嘉靖戊子胡缵宗刊本,后有长洲陆采子玄跋称:"是书之刊,可泉胡公实主之,始于丁亥之秋孟,迄于今岁之秋仲,凡岁有一月而成;费缗钱四百千有奇,而校雠供馈之劳,不知凡几,其成亦云难矣。继公政者，爱民惜费，欲杜往来之求也，命余焚之。余不忍，仅劓其半，以示存羊之意，庶几他日可补而竟，以副胡公博雅好古之志云。是书也，其印止二百本，览者其毋忽诸！"同治间为谭献所得，借闽中陈征芝兰邻带经堂冯已苍、钱求赤校本过录其上，罕书也。《初学记》三十卷，唐徐坚等奉敕纂经史文章之要，以类相从，其例前为叙事，次为事对，末为诗文；其叙事虽杂取群朽，而次第若相连属，与他类书独殊。

所见者明刻四本：有锡山安国桂坡馆嘉靖甲午刻宋绍兴本，有晋府重刊安国桂坡馆嘉靖甲午本，皆南京图书馆所藏也。有项氏印徐守铭宁寿堂万历丁亥刻本，则北平图书馆所藏也。陈大科校刊本，则坊间时有之，而清又有内府刻古香斋袖珍本。独以安国桂坡馆刻为最著名。嘉庆间乌程严可均景文得宋本，以校徐守铭刻而书其后曰："《初学记》今世行本，仅明安国民泰所校刊者为稍旧。安国得宋版大字本，多阙叶，倩馆客郭禾采他书补足，而通部亦改窜删补，非宋旧也。其陈大科、徐守铭等本，皆祖安国，复加改窜。别有古香斋巾箱本，未知所祖，嘉庆初，王兰泉少寇得宋版大字本。丙寅春，孙渊翁借以示余。余案头有徐本，取与对勘。开卷见《刘序》'刑名度数'，宋本'刑'作'形'，'形名'犹言'名物'，改便失之，因竭四十日力，得互异字累万，用丹笔悉注于徐本之旁。宋有而徐无者，注于上方。宋无而徐有者フレ之。卷十七，宋阙第二十叶，验行数、字数，知安国所据本不阙。卷二十五、二十六、二十八、

二十九、三十，凡二十二叶，宋与徐绝异：皆安国所据本之阙叶，而郭禾补足者也；不能对勘，别写之，夹置之各卷中。审知此书自唐开元而北宋，展转胥钞，到绍兴四年始镌板。胜处固多，误亦不少，然往往即误处可得胜处，故宋本可宝也。"（见《铁桥漫稿书初学记校宋本后》）其后可均校本为嘉兴沈曾植子培所得，秘为鸿宝。长沙叶德辉奂彬与缪荃孙皆向借校，靳勿许也。又劝其假之有力者刊行，亦勿应。德辉戏为荃孙言："古人著述，遇此辈人收藏，真可云冤沉海底，永无见天之一日矣！"曾植既殁，其书流出北平厂肆，索饼银五百元。长沙易培基寅邨假之，尽二十日之力，过录一部，复审再三，自谓于原校无毫发之恨也（见叶德辉《易氏过录严校宋本初学记跋》）。《太平御览》一千卷，宋李昉等奉敕撰，凡分五十五门，引用书一千六百九十种，征引至为浩博，于类书中最为巨帙。向行钞本，明以来始有刻，而万历元年无锡黄正色刻本最著。然阮元《重刻宋本太平御览叙》谓："吴门黄荛圃主事有刊本三百六十六卷，乃前明文渊阁宋刻残本；又五百二十卷，亦依宋镌所抄；其余缺卷，并从各家旧钞过录。予取黄正色本属友人密加眷校，知黄本颠倒脱落，至不可读，与明活字板相似；其偏旁之讹，更无论矣。且又妄据其时流传经籍，凭臆擅改，不知古书文义深奥，与后世判然不同；浅学者见为误而改之，不知所改者反误矣！"其后有鲍渌钦校刊宋小字本，有张氏所刻大字本，咸胜黄正色本。而北平图书馆则藏明蓝格钞本《太平御览》一千卷，有日本人印云。世所传宋以前类书，可考见古籍佚文者，仅此《艺文类聚》、《初学记》及《御览》三书而已。

综上所陈，书在必读，本取可得，或径取之坊肆，或旁求之图书馆，譬按图而索骥，将有裨于末学乎！述《读本》第三。

馀记第四

自镂版兴，于是兼言版本。其例创于吾锡尤文简公袤《遂初堂书目》。中所录，一书多至数本，有成都石经本、秘阁本、旧监本、京本、江西本、吉州本、杭本、旧杭本、严州本、越州本、湖北本、川本、川大字本、川小字本、高丽本；此类书，以正经正史为多，大约皆州郡公使库本。而岳珂刻《九经三传》，其《沿革例》称："自监、蜀、京、杭而下，有建余仁仲、兴国于氏二本，皆分句读，称为善本。"知辨别版本，自南宋已然。而宋本书，特表而出之，则始自常熟毛扆斧季《汲古阁珍藏秘本书目》，注有"宋本"、"元本"、"影宋"、"校宋"本等字。其后同县钱曾遵王《述古堂书目》，泰兴季振宜《季沧苇书目》，卷首均别为宋版书目。明高濂《燕闲清赏笺》论藏书，以为："宋书纸坚刻软，用墨稀薄，虽着水经燥无湮迹，开卷一种书香，自生异味。元刻仿宋，纸松刻硬，用墨秽浊，开卷了无臭味。又若宋版遗在元印，或元补欠缺，时人执为宋刻。元版遗至国初补欠，人亦执为元刻。然而以元补宋,其去犹未易辨。以国初补元,内有单边、双边之异,且字刻迥然别矣。"盖宋版在所珍,而元明不为罕也。然宋版既罕,元刻亦珍。至于乾嘉之际,吴县黄丕烈荛圃自号"佞宋主人",藏宋版书百余种,学士顾莼为之颜其室曰"百宋一廛"。元和顾广圻千里为之赋,而丕烈自疏所藏以作注。海昌吴骞兔床亦富藏书,拟作"千元十驾"以敌之,意盖欲广购元椠佳本,取荀子驽马十驾之意,颜所居曰"千元十驾",占长句戏丕烈。丕烈既老而贫,乃以所藏归之同郡汪士钟阆源艺芸精舍。汪氏不能守其有,往往为聊城杨端勤公以增所得,构海源阁藏之,别辟一室曰"宋存";而以元本校本、钞本附焉;盖多士礼居印记矣。归安陆心源存斋有宋版书二百部,其中士礼居藏书亦不少,故自颜其居曰"皕宋楼"。及陆氏败,所有皕宋楼书,尽以售之日本人岩崎某,载归贮之静嘉堂文库。而百宋一廛旧籍,乃有流落海外者矣。然陆氏自夸皕宋以傲丕烈之百宋一廛,而细核所记,有明仿宋本,有明初刻似宋本,有误元刻为辽金本,有宋版明南监印本,存真去伪,合计不过十之二三,尚不足丕烈之百宋也!杭州孙风钧铨伯藏有宋刊单行本《魏志》,抚州本《公羊》,皆世间绝无之本,虽少而精;簿录之学,一时无比。人呼为"宋版孙"。宋元旧刻日稀,而文苑、儒林、佞宋、秘宋之风,遂成一时佳话矣。

　　明嘉靖时,吾锡华夏中父好藏书,图记曰"真赏斋印",扁式,茶陵李东阳西涯八分书,以米元章有"平生真赏"印也。鄞县丰坊道生铺张所藏而为《真赏斋赋》，盖顾广圻《百宋一廛赋》之所自脱胎。惟顾《赋》扬厉百宋；而道生则不限宋元版书。其涉及宋元版书者，有曰："暨乎刘氏《史通》、《玉台新咏》（上有'建业文房'之印），则南唐之初梓也。聂崇义《三礼图》，俞言等《五经图说》，乃北宋之精帙也。荀悦《前汉纪》，袁宏《后汉纪》（绍兴间刻本，汝阴王铚序），嘉史久遗。许嵩《建康录》，陆游《南唐书》，载纪攸罕。宋批《五礼》，五采如新。古注《九经》，南篱多阙。苏子容《仪象法要》，亟称于诸子。张彦远《名画记》，鉴收于子昂。相台岳氏《左传》，建安黄善夫《史记》，六臣注《文选》，郭知达《集注杜工部诗》（共九家，曾噩校），曾南丰序次《李翰林集》（三十卷），五百家注《韩柳文》（在朱子前），《刘宾客集》（共四十卷，内外集十卷），《白氏长庆集》（七十一卷），《欧阳家藏集》（删繁补缺八十卷，最为真完），《三苏全集》，《王临川集》（世所传只一百卷，唯此本一百六十卷），《管子》，《韩非》，《三国志》（大字本淳熙乙巳刊于漳州转运使公廨），《鲍参军集》（十卷），《花间集》（纸墨精好），《云溪友议》（十二卷），《诗话总龟》（百卷，阮阅编），《经钼堂杂志》（八卷，灵川倪思），《金石略》（郑樵著，笪氏藏），《宝晋山林拾遗》（八卷，孙米宪刻），《东观余论》（宋刻初印，卷帙其备，世所罕见），《唐名画录》（朱景玄），《五代名画补》（刘道醇纂），《宋名画评》，《兰亭考》（十二卷，桑世昌），皆传自宋元，远有端绪。"即以宋元版书而论，可谓夥颐沈沈者矣！何减于百宋一廛哉！

百宋一廛藏有建溪三峰蔡梦弼傅卿家塾，乾道七年刻《史记》（乾道，宋孝宗年号），有《索隐》而无《正义》。而嘉定钱大昕辛楣《十驾斋养新录·论史记宋元本》曰："予所见《史记》宋椠本，吴门顾抱冲所藏澄江耿秉刊于广德郡斋者，纸墨最精善。此淳熙辛丑官本也（淳熙，亦孝宗年号，为乾道改元）。黄尧圃所藏三山蔡梦弼刊本，亦在淳熙间（淳熙，想系乾道之误）。海宁吴槎客所藏元中统刊本（中统，元世祖年号。中统元年，当宋理宗景定元年），计其时在南宋之季。此三本，皆有《索隐》而无《正义》。明嘉靖四年，金台汪谅刻莆田柯维熊校本，始合《索隐》、《正义》为一书，前有费懋中序称：'陕西翻宋本，无《正义》，江西白鹿本有《正义》。'是柯本出于白鹿本矣。同时震泽王氏亦有缮宋本，大约与柯本不异。（嘉兴钱泰吉警石《甘泉乡人稿·五校史记杂志》一则云：'小题在上，大题在下。柯、王两本皆然。然柯本大题旁注不若王本，并作大字，尤为近古。'又云：'柯本《索隐序》后有"绍兴三年四月十二日右修职郎充提举茶盐司干办公事石公宪发刊至四年十月二十日毕工"三十八字，凡三行，始知柯本从绍兴本缮刻也。'）《史记索隐》、《正义》，皆各自为书，不与本书比附。宋南渡后，始有合《索隐》于《史记》者，创自蜀本；继有桐川、三山两本，皆在淳熙以前。其时《正义》犹单行也。白鹿本未审刻于何年？以意揆之，必在淳熙以后。盖以《索隐》为主而《正义》辅之，凡《正义》之文与《索隐》同者，悉从删汰，自是《正义》无单行本，而守节之元本，不可考矣。"

此可以考《史记》刊本之沿革。海昌吴寿旸虞臣《拜经楼藏书题跋记》载：宋本《前汉书·列传》十四卷，每叶十六行，行十六字；首行大名在下，小名在上；次行题"汉护军班固撰"；三行署"唐正议大夫、行秘书少监、琅琊县开国子颜师古集注"；并与监本不同。卷末书"右将监本、杭本、越本及三刘、宋祁诸本参校；其有异同，并附于古注之下"。后记正文注文字数。东里卢抱经学士跋："汲古所梓《汉书》，当是据北宋本，此疑是南宋本，误字亦少。汪文盛本，殆亦从此本出。"（福建汪文盛嘉靖己酉刻《前汉书》一百二十卷，《后汉书》一百二十二卷，见钱大昕竹汀《日记抄》、《丁丙善本书室藏书志》。）而独山莫友芝子偲《宋元旧本书经眼录》有《题湘乡曾氏藏金元间刊本汉书》云："宋胄监《汉书》始淳化五年孙何、张佖等校本（淳化，宋太宗年号），次景德二年刁衎、晁迥等复校本（景德，真宗年号），次景祐二年余靖、王洙重校定本（景祐，仁宗年号），次熙宁二年刊进嘉祐中陈绎重校、欧阳修看详本。（嘉祐，仁宗年号；熙宁，神宗年号），次宣和六年重修本（宣和，徽宗年号），次绍兴二十一年重刊本（绍兴，高宗年号）。今惟景祐、绍兴二本，尚著录于旧藏家；大率每叶二十行，行大字十九，注字二十五至二十七八不等。此本行字悉同。其《列传》第二十九之后九叶，及他卷阙一二叶者，悉影乾道三年刊本补之，其行字亦同。大抵皆出景祐、绍兴二本。乾道本版心，下端有乾道三年隶书白文五字，其写刻人名，悉此本中所有；愈知景祐、绍兴为同祖。惟按宋以后，刊《汉书》有元大德九年太平路本（大德，成宗年号），此本本纪第三一叶，版心有'大德八年补刊'六字，则当为大德以前刊。且北宋讳避阙至钦宗之'桓'、南宋讳自'构'、'慎'皆不阙，知非南宋乾道庆元及川、吉、越、湖北诸本（庆元，宁宗年号）。然审其字体版式，已是宋末元初不精之刻；盖金元间以绍兴本缮雕，而大德修补之本。《爱日精庐藏书志》记宋刊元修本，版心有记大德、至大、延祐、元统补刊者（至大，武宗年号；延祐，仁宗年号；元统，顺帝年号），其行字同。友芝又见丰顺丁氏收黄丕烈旧藏景祐残帙，足以宋刊元修若干卷者，亦有大德、至大诸补版行字亦同，纸墨字体约略相似；则此为金元间刻，益无可疑。"此可以考《汉书》刊本之沿革。又黄丕烈《士礼居藏书题跋记》称："《后汉书》本，宋刻佳者，淳化不可得见。景祐本，残者有之。此外，如建安刘原起刊于家塾散室本，又有一大字本，皆名为宋；而实则不及元明刊本。何以明之？盖所从出本异也。惟正统本最称善，以所从出为淳化本也（正统，明英宗年号）。元大德本，亦自淳化本出。此外，又有景祐间余秘丞书者，乃翻淳化本耳。景祐至大德，大德至宏治，递为修补（宏治，明孝宗年号），故版刻字样各有不同。非如正统十年一例专刻也。"此可以考《后汉书》刊本之沿革。又《士礼居藏书题跋记》载："宋咸平刊本《吴志》二十卷，其目录自一卷至十卷，分为上袠；十一卷至二十卷，分为下袠；并载中书门下牒一通。因检毛汲古、钱述古两家书目，皆载有《吴志》二十卷本，其为专刻无疑。"杭州孙凤钧铨伯藏有单刊本《魏志》，而长沙易培基寅邨《三国志校义跋》则称："明景北宋本《三国志》，三志各自为卷，目录分列。"益征宋刊《三国志》，各自为书，武英殿本《三国志》目录，虽统编六十五卷，而《魏志》三十卷、《蜀志》十五卷、《吴志》二十卷仍各自为卷。以视宋刊本，惟目录不分列耳。此可以考《三国志》刊本之沿革。汇录之于此。

宋版书不易得，于是言景钞。《天禄琳琅》载："毛晋藏宋本最多。其有世所罕见，而藏诸他氏，不能得者，则选善手，以佳纸墨影钞之，与刊本无异；名曰'影宋钞'。一时好事家皆争仿效。而宋椠之无存者，赖以传之不朽。"孙从添《藏书纪要》曰："汲古阁印宋精钞，古今绝作，字画纸张，巧丝图章，追摹宋刻为近世无有，能继其作者，所钞甚少。钞录书籍，以软宋字小楷颜、柳、欧字为工，宋刻字更妙。摹宋版字样，笔画均匀，不脱落，尤遗误，乌丝行款，整齐中带生动，为至精而美备；序跋、图章、画像，摹仿精雅，不可呆板，乃为妙手。"而自黄丕烈以下，一汲毛氏汲古之流焉。此景宋钞也。若言宋钞，贵于宋刻。孙从添《藏书纪要》谓："宋人钞本最少，字画墨气古雅，纸色罗纹旧式，方为真本。若宋纸而非宋字、宋跋，宋款而非宋纸，即系伪本。或字样、纸色、墨气，无一不真；而图章不是宋镌，印色不旧，割补凑成，新旧相错，终非善本。元人钞本亦然。常见古人稿本，字虽草率，而笔法高雅，纸墨图章，色色俱真，自当为稀世之宝。以宋元人钞本，较之宋刻本而更难也。古人钞录书籍，俱用黄纸；后因诏诰用黄色纸，遂易以白纸。宋元人钞本用册式，而非汉唐时卷轴矣。其记跋校对，极其精；笔墨行款，皆生动可爱。明人钞本，各家美恶不一。吴门宋性甫，（按：文徵明《宋性甫先生墓志铭》："吾苏宋性甫存理，闻人有奇书，辄从以求，以必得为志。或手自缮录，动盈筐箧，群经诸史，下逮稗官小说，无所不有；尤精楷法，手录前辈诗文积百余家。他所纂集有《经子钩元》《吴郡献征录》《名物寓言》《铁网珊瑚》《野航漫录》《鹤岑随笔》，总数百卷。"）钱叔宝子允治，（按：钱谦益《列朝诗集》小传："钱谷字叔宝，少孤贫，游文待诏门下，日取架上书读之，以其余功点染水墨，得沈氏之法。晚葺故庐，读书其中，闻有异书，虽病必强起匍匐请观，手自钞写，几于充栋，日夜校勘，至老不衰。子允治，酷似其父，年八十余，隆冬病疡，映日钞书，薄暮不止。"）手钞本最富，后归钱牧翁；绛云焚后，仅见一二矣。吴宽、柳佥、吴岫、孙岫、太仓王元美、昆山叶文庄、连江陈氏、嘉兴项子京、虞山赵清常、洞庭叶石君诸家钞本，俱好而多，但要完全校正题跋者方为珍重。王雅宜、文待诏、陆师道、徐髯翁、祝京兆、沈石田、王质、王穉登、史鉴、邢参、杨仪、杨循吉、彭年、陈眉公、李日华、顾元庆、都穆、俞贞木、董文敏、赵凡夫、文三桥、湖州沈氏、宁波范氏、吴氏、金陵焦氏、桑悦、孙西川皆有钞本甚精。钞本书，画图最难；用白描法，运笔古雅秀劲为主。人物画像要生动，又要清雅而端庄，方为合式。有皇宋五彩画本。《本草图经》最精工，集天下名手，着色画成；又有白描《列女传》、《孝经》等书，无出其右者。近时钱遵王有五彩着色画本《香奁集》，白描《卤簿图》、《营造法式》、《营造正式》等书，虽弗及前人，今亦不可得矣。吴匏庵宽钞本，用红印格，其手书者佳。吴岫、孙岫钞用绿印格，甚有奇书，惜不多见。叶文庄钞本用绿、墨二色格，校对有跋者少，未对草率者多，间有无刻本者亦精。"至近时精钞本，如金山钱熙祚守山阁钞本，十二行绿格，格阑外有"守山阁钞本"五字。归安姚觐元咫进斋钞本，十三行绿格，版心有"咫进斋"三字。又厉樊榭鹗钞书用八行墨格，钮匪石树玉钞书用十行绿格，皆钞本之可贵者。

　　古本既以罕而益珍，人情遂以伪而相罔。而宋版书之有伪，盖自明而已然。高濂《燕闲清赏笺》谓："近日作假宋版书者，神妙莫测：将新刻摹宋版书，特抄微黄厚实竹纸，或用川中茧纸，或用糊背方帘绵纸，或用孩儿白鹿纸，筒卷用捶细细敲过，名之曰刮，以墨浸去臭味，印成。或将新刻版中残缺一二要处。或湿霉三五张，破碎重补。或改刻开卷一二序文年号。或贴过今人注刻名氏留空，另刻小印，将宋人姓氏扣填。两头角处，或用沙石磨去一角；或作一二缺痕，以灯火燎去纸毛，仍用草烟熏黄，俨然古人伤残旧迹。或置蛀米柜中，令虫蚀作透漏蛀孔。或以铁线烧红，锤书本子，委曲成眼，一二转折，种种与新不同。用纸装衬，绫锦套壳，入手重实，光腻可观，初非今书仿佛，以惑售者。或札夥囤，令人先声，指为故家某姓所遗。百计瞽人，莫可窥测。"而海宁蒋光煦生沐序吴寿旸《拜经楼藏书题跋记》则称："欲得旧刻旧钞，而蓍贾射利，弊更百出：

割首尾；易序目；剔画以就讳；刓字以易名；染色以伪旧；卷有缺，划他版以杂之；本既亡，录别种以代之。反复变幻，殆不可以枚举。"总之，不出以明翻宋版剜补改换之一途：或抽去重刊书序；或改补校刊姓名；或伪造收藏家图记，钤满卷中；或移缀真本跋尾题签，掩其赝迹而已。余故表而出之，以为好古而无真赏者鉴焉。

宋版书之不无讹误，苏东坡、叶石林、陆放翁已切论之。然刻书之误，有由于校之不审者；有由于校之妄改者。《颜氏家训·勉学篇》曰："校定书籍，亦何容易！自扬雄、刘向方称此职耳。观天下书未遍，不得妄下雌黄。或彼以为非，此以为是；或本同末异；或两文皆欠；不可偏信一隅也。"《东坡志林》讥切："世人以意改书，遂使古书日就讹舛，深可忿疾。"而顾炎武《日知录·论勘书》凡勘书，必用能读书之人。偶见《焦氏易林》旧刻，有曰'环绪倚钮'，乃'环堵'之误，注云：'绪疑当作珮。''井堙水刊'，乃'木刊'之误，注云：'刊疑当作利。'失之远矣！幸其出于前人，虽不读书，而犹遵守本文，不敢辄改。苟如近世之人据臆改之，则文益晦，义益舛；而传之后世，虽有善读者，亦茫然无可寻求矣！然则今之坊刻，不择其人而委之雠勘，岂不为大害乎？梁简文帝《长安道诗》：'金椎抵长乐，复道向宜春。'是用《汉书·贾山传》：'隐以金椎，树以青松，为驰道之丽至于此。'《三辅决录》：'长安十二门，三途洞开，隐以金椎，周以林木，左右出入，为往来之径。'今误作'金槌'，而又改为'椎轮'。唐阎朝隐《送金城公主适西蕃诗》：'还将贵公主，嫁与傉檀王。'

是用《晋书·载记》河西王秃发傉檀；今误作'傉檀'，而又改为'褥毡'。比于'金根车'之改'金银'而又甚焉者矣！"阳湖李洛申耆为《涧蘋顾君（广圻）墓志铭》痛诋"校者荒陋，不守'阙如'之戒，妄缘疑而致误，至剜肉而成疮，至有谬称皇考，妄易银根者。本初无误，校乃致误；此自书有刊本，轻加雌黄，傥经三刻，而古人之真尽失！"盖有慨乎其言之。而极称清儒不敢妄改为善刻书。顾广圻《思适寓斋图自记》"以思适名斋者何？顾子有取于邢子才之语也。史之称子才曰'不甚校雠'。顾子役役以校书而取之者何？谓'顾子之于书，犹必不校校之也'。子才诚仅曰：'不校乎哉？则乌由思其误，又乌由而有所适也！'故子才之不校，乃其思不校之误。使人思误于校者，使人不能思去误于校者，而存不校之误，于是日思之，遂以与天下后世乐思者共思之。此不校校者之所以有取于邢子才也！"夫不轻改旧刻，而综所欲正定者为考异，或为校勘记以识异同，听天下后世之好学深思者玩索而自有得焉。此顾子之所谓不校校也，是可为校刻古书者法。

版本之书，不胜仆举。若论治学，宜有入手。就所睹记，挈其纲要。可先读长洲叶昌炽鞠裳所撰《藏书纪事诗》六卷，以明藏书之掌故。次看长沙叶德辉奂彬所著《书林清话》十卷，以析版本之沿革。又次阅元和江标建霞所辑《宋元本行格表》二卷（近有赵鸿谦据南京图书馆善本甲库所藏丁丙善本书室宋元本仿江氏例，自五行以至二十行，记其行格，版载南京图书馆第一年刊），及《盋山书影》（此系南京图书馆所藏宋本，每种首页影印宣纸），涵芬楼百衲本《二十四史》样本等书，以验宋元之版式。然后读黄丕烈以下诸家藏书目录、题跋，乃有头绪，不然无入手处。至诸家藏书目录题跋，其中不鲜煌煌巨册，可先读嘉兴钱泰吉警石《曝书杂记》三卷，独山莫友芝子偲《宋元旧本书经眼录》三卷，《郘亭知见传本书目》四卷，简而扼要，然后再事博涉。不然，徒惊河汉之无涯，岂易得要领！浸淫及于日本，则如森立之《经籍访古志》六卷，《补遗》二卷，岛田翰《古文旧书考》四卷，皆于宋元古钞各书，考订至为精析。至宜都杨守敬惺吾所撰《日本访书志》，中载卷子本《佛经》各种，大半近百年内高丽旧钞，而《留真谱》则误以明翻宋刻为真宋本。论者谓其鱼目混珠，不过以为贩鬻射利之计，未可信据。而欧儒如法人伯希和得敦煌鸣沙山石室古书，乃能辨析卷数之异同，刊刻之时代。上虞罗振玉叔蕴撰《鸣沙石室秘录》，述其问答之词，读之令人惊叹，不可不涉猎及之。

於戏。版本之学，其始以精校雠，其蔽流为骨董。于是网罗旧闻，整齐杂语，拾遗补艺，以卒于篇。述《余记》第四。

读《庄子·天下篇》疏记

叙目

总论

墨翟 禽滑厘 宋钘 尹文

彭蒙 田骈 慎到 关尹 老聃

庄周 惠施 公孙龙

附太史公谈论六家要指考论

右《读〈庄子·天下篇〉疏记》四篇,都三万言,而末附以考论太史公谈《论六家要指》者,盖榷论儒道,兼核刊名,将匡庄生所未逮,而极鄙意之欲言也。谨次述作之指而系之于篇曰:所以严造疏之规者四:一曰"以子解子",一曰"稽流史汉",一曰"古训是式",一曰"多闻阙疑"。凡微言大义之寄,墨之言解以《墨子》书,老之言解以《老子》书,庄之言解以《庄子》书,公孙龙之言解以

《公孙龙子》书。其书之后世无传焉者，则解以所自出之宗。如宋钘之明以墨，田骈、慎到之明以老、庄，惠施之明以老、庄。犹不足，则旁采诸子书之言有关者，如宋钘之明以《荀》、《孟》。此之谓"以子解子"。凡辩章流别之事，立乎千载之后，而武断千载以前，无征不信，宁可凿空？必稽之《太史公书》、《汉书·艺文志》以求其信。此之谓"稽流史汉"。凡名物训诂之细，陆氏《释文》有置不之解，解不可通者，必稽训于古经古子古史以求义之所安。如解"以参为验，以稽为决"，则据韩非书"无参验而必之者愚也"。旁证《春秋穀梁传》疏、《国策·秦策》注、《汉书·律历志》注以明"参"之训"交互"，而正《释文》训"参宜也"之非。解"内圣外王"，则据庄子《天道》、《天运》、《天地》诸篇，旁证《韩诗外传》、《白虎通》、《说文》以明"圣"之古训"通"，"王"之古训"往"。解"椎拍輐断"，则据《老子书》，旁证《史记集解》、《广雅·释诂》以明"椎拍輐断"之即老子"挫其锐解其纷"之义。此之谓"古训是式"。其有不可知者，谨体庄生《齐物》"知止其所不知"之指，敩圣人之"存而不论"，而不敢强不知以为知焉，盖阙如也。此之谓"多闻阙疑"。凡右所陈，私立规约，以为有必不可畔者，而后其法严而铨始真。此造疏之规也。时贤好为疑古，不思"多闻阙疑"之义，而务碎义逃难，便辞巧说，随时抑扬，苟以哗众取宠，辄云"《太史公书》违戾"，又以诸子出于王官，亦刘歆之不根，此则《汉书·艺文志》讥称"安其所习，毁所不见，终以自蔽"，而致患于"辟儒"者也。余读五经诸子史家之书，于说之有相关者，罔不参证以校其异同，互勘以明其得失，所谓"以参为验，以稽为决"者也。囊括群言，约之是篇，将以征古说之不刊，祛时论之妄惑。其间可得而论定者，本事三，附及二。一，《史记·老庄申韩列传》称"庄子之学，无所不窥，然其要本归于老子之言"，《汉书·艺文志》称"某家者流，盖出于某官"，皆按庄生之此篇，斯征无诬于来者。二，"内圣外王之道"，庄子所以自名其学，而奥旨所寄，尽于《逍遥游》、《齐物论》两篇，盖《逍遥游》所以喻众生之大自在，而《齐物论》则以阐众论之无不齐。则是《逍遥游》者，所以适己性，内圣之道也；《齐物论》者，所以与物化，外王之道也。若乃权度百家，见义于篇，则有能明"内圣外王之道"而发之者，道家之关尹、老聃、庄周是也；有暗不明"内圣外王之道"而郁不发者，其它诸家是也。然其中亦有辩：有内而不"圣"外而不"王"者，墨者之墨翟、禽滑厘，辩者惠施、桓团、公孙龙之徒是也；有力求"外王"而未能"内圣"者，道者之支与流裔彭蒙、田骈、慎到是也；有欲为"内圣外王"而未底其境者墨者之支与流裔宋钘、尹文是也；有已底"内圣外王"而未造其极者，庄周之自叙是也。独许关尹、老聃为"博大真人"，惟"博大"斯"王"，惟"真人"乃"圣"，"内圣外王之道"，庶几在是耳！三，惠施"历物之意"，"特与天下之辩者为怪"，多本庄子，为道家之旁门，故以次庄周之后，犹之宋钘、尹文为墨者之支流，故以次于墨翟之后也。然而桓团、公孙龙，辩者之徒，有不与惠施同者。盖惠施发其意以成假设，而辩者历于物以相证实，故不同也。大抵道者体"道"以得"德"，内证之神明，而惠施"历物"以遍说，外证之物理。夫惟道者"抱一""守静"，乃能知化而穷神。至于惠施"外神""劳精"，不免"用知"之"自累"，此惠施之所以不如"道者"也。然惠施"历物之意"而不具体，犹为"秉要执本"。至辩者具体"历物"而不详其意，益流诡辩饰说。此又每况愈下，辩者之所为不如"惠施"者也。然其要本归于老子之言。而寻声逐响者，方谓惠施、公孙龙为别墨，而祖述墨辩，以正别名显于世。于戏！太史公不云乎："非好学深思，心知其意，固未易为浅见寡闻者道也。"此本事三也。附及二者：一据荀子《正名》篇，以阐《汉书·艺文志》"古者名位不同，礼亦异数"之指，则因阐"以名为表"之说而附及焉者也。一据庄子《在宥》、《天道》两篇，以征《汉书·艺文志》"道家者流，秉要执本"之为"君人南面之术"，则因发"百官以事为帝"之指而附及焉者也。如此之类，不更仆数，匪徒一家之疏记，将发九流之管钥。然有一义，漏未铨叙：庄生著篇以论衡天下之治方术者：曰墨翟、禽滑厘，曰宋钘、尹文，曰彭蒙、田骈、慎到，曰关尹、老聃，曰庄周，曰惠施、公孙龙。五者皆许为出"古之道术"，而不私"道"为一家之所有，且历举其人，明其殊异，而不别之曰某家某家。有《汉书·艺文志》著录其书，隶之一家，而此明其殊异者，如田骈之别出于关尹、老聃，而关尹、老聃之后，又别出庄周，《汉志》则并隶其书入道家，尹文亦别出于惠施，而《汉志》则并隶其书入名家是也。有《汉书·艺文志》著录其书，析隶两家，而此举以并论者，如《汉志》《宋子》十八篇著小说家，《尹文子》一篇著名家，而此以尹文与宋钘并论，《汉志》《田子》二十五篇著道家，《慎子》四十二篇著法家，而此以慎到与田骈并论是也。盖诸子之别某家也，始著于史谈之《论六家要指》，论定于刘向父子之校《诸子略》，徒以便称举明概念耳，非其本真如此，按之庄生此篇而可知也。余论庄生此篇以授及门，壬戌以来，四年六度矣，今年第七度也。鄙怀所陈，傥有违于时贤。然余读《汉书·儒林传》，至辕固之诏公孙宏曰："公孙子务正学以言，毋曲学以阿世。"辄悚仄起敬，为慕其人也。我则知免矣，宁独以诵说庄生哉！君子道贵自立，时有利钝，非所逆计也。无锡钱基博自叙于京师西郊清华园之古月堂。时则中华民国之十五年四月十八日。徒以强藩称兵，民政解纲，国且不国，何有于民。流离死亡者，百万不尽数。赤地千里，城门昼不开者三日。戎马生郊，天下汹汹，未知何时可已。而仆家居江南，蚕毁其室；方跻强仕之年，重闵有生之酷；即此足以刳心去智，齐得丧，一成毁，放乎自得之天，而不以梏我神明，宁必以梁元帝围城讲老子为大厉哉！斯固圣者之遂命，而为庄生之所许已。

总论

天下之治方术者多矣,皆以其有为不可加矣。

博按:此篇总论"天下之治方术者",故以篇首"天下"二字为题。两语盖言天下之治方术者,皆以其所有之方术,为人之所莫加也,意极显明。而郭象注深求之,谓"为其所有为,则真为也;为其真为则无伪矣;又何加焉。"则说迂曲而不易晓矣。古书有深求而益晦者,此类是也。

古之所谓道术者果恶乎在?曰:"无乎不在。"

博按:"无乎不在"四字,庄子书明道之第一义谛也。庄子《齐物论》曰:"道恶乎往而不存,言恶乎存而不可;道隐于小成,言隐于荣华。"又曰:"古之人其知有所至矣。恶乎至?有以为未始有物者,至矣尽矣,不可以加矣。其次以为有物矣,而未始有封也。其次以为有封焉,而未始有是非也。是非之彰也,道之所以亏也。"此言道亏于有所在也。又《齐物论》曰:"夫道未始有封,言未始有常,为是而有畛也。"郭象注:"道无封,故万物得恣其分域。"《知北游》曰:"东郭子问于庄子曰:'所谓道,恶乎在?'庄子曰:'无所不在。'东郭子曰:'期而后可。'庄子曰:'在蝼蚁。'曰:'何其下耶?'曰:'在稊稗。'曰:'何其愈下耶?'曰:'在瓦甓。'曰:'何其愈甚耶?'曰:'在屎溺。'东郭子不应。庄子曰夫子之问也,固不及质。正获之问于监市履狶也,每下愈况。汝唯莫必,无乎逃物,至道若是。'"此言道在于"无不在"也。安有"天下之治方术者"而无当于"古之所谓道术",而不为道之所在者乎?《老子》言道德,此篇言道术。老子曰:"道法自然。"(《老子》第二十五章)然则自然之理之谓"道",而得"道"之谓"德"。"德者,得身也。"(《韩非子·解老》)行"道"之谓"术"。"术","路也"(《后汉书·冯衍传》注),"所由也"(《礼记·乐记》"然后心术形焉"注)。"有封","有是非",则亏于"道";"未始有封","无乎不在",则全于"道"。此"道"之所以有成亏也。贾子《新书·道术》篇曰:"道者所从接物也,其本者谓之虚,其末者谓之术。虚者言其精微也,平素而无设施也。术也者,所以制物也,动静之数也。凡此皆道也。"此"道"之所以不废"术"也。"术"者,所以行"道"也。"汝惟莫必,无乎逃物,至道若是",故曰"道者所从接物也"。"其本者谓之虚",惟虚乃能容物。不师成心,不为意必,而理无不赅,物无乎逃矣。

曰:"神何由降?明何由出?""圣有所生,王有所成,皆原于一。"

博按：此庄子设问道既无乎不在，则神圣明王何由降出，独与众异，时答以"圣人抱一为天下式也"（《老子》第二十二章）。"圣"之为言，通也。（《白虎通·圣人》篇："圣者，通也。"《说文·耳部》："圣，通也。"它书不具引。）"王"之为言，往也。（《韩诗外传》："王者，往也。天下往之谓之王。"《说文·王部》："王，天下所归往也。"它书不具引。）体道之谓"圣"，故曰"有所生"。行道之谓"王"，故曰"有所成"。庄子此篇，盖通论"天下之治方术者"，而折衷于老子，可以老子之言明之。老子曰："道生一，一生二，二生三，三生万物。"王弼注："万物之生，吾知其主。"（《老子》第四十二章）此"圣有所生"，原于"一"也。又曰："万物负阴而抱阳，冲气以为和。"王弼注："万物万形，其归一也；虽有万形，冲气一焉。"（同上，第四十二章）此"王有所成"，原于"一"也。老子又曰："有物混成，先天地生，寂兮寥兮，独立不改，周行而不殆，可以为天下母。吾不知其名，字之曰道，强为之名曰大。大曰逝，逝曰远，远曰反。故道大，天大，地大，王亦大。域中有四大，而王居其一焉。"（《老子》第二十五章）此"圣有所生"，"王有所成"，皆原于"一"也。按"王"者，往也，往即"逝"（《尔雅·解诂》："逝，往也。"庄子《天地篇》："沛乎其为万逝也。"郭象注："德泽滂沛，任万物之自往也。"），而"逝"之"曰反"，即"周行也"。庄子之所谓"王有所成"者，谓惟迈往有所成也。老子之云"王亦大"者;"大"之义,即庄子云"无乎不在",云"王亦大"者,谓道之独往独来,无所不周普,所谓"独立不改,周行而不殆"也。故曰"大曰逝,逝曰远,远曰反"。不"反"则"殆",不"反"则"改",则"圣"有所生于"一"者,而"王"不必还成"一"矣。此"道"之所以大"周行",而孔子传《易》必系之曰"周流六虚"也。余读《史记·老庄申韩列传》,称"庄子之学,无所不窥,然其要本归于老子之言",正可于此篇参之。

不离于宗,谓之天人。不离于精,谓之神人。不离于真,谓之至人。以天为宗,以德为本,以道为门,兆于变化,谓之圣人。以仁为恩,以义为理,以礼为行,以乐为和,薰然慈仁,谓之君子。以法为分,以名为表,以参为验,以稽为决,其数一二三四是也,百官以此相齿,以事为常。以衣食为主,蕃息畜藏,老弱孤寡为意,皆有以养(梁启超《庄子天下篇释义》曰:"'老弱孤寡为意',文不可通。疑'为意'二字当在'养'字下,文为'蕃息畜藏,老弱孤寡,皆有以养为意'。"),民之理也。

博按:此庄子所以品次"天下之治方术者"。自庄生观之:"天下之治方术者",道者为上,儒次之,百家之学又次之,而农家者流为下。盖孟子讥为神农之言者,谓:"以百亩之不足为己忧者,农夫也!"(《孟子·滕文公上》)《汉书·艺文志》曰:"农家者流,播百谷、劝耕桑以足衣食。故八政，一曰食，二曰货。孔子曰：'所重民食。'"此所谓"以衣食为主，蕃息畜藏，老弱孤寡为意，皆有以养，民之理也"。庄子《庚桑楚》又讥之曰："简发而栉，数米而炊，窃窃乎又何足以济世哉！"以故次之于末而略不详说焉。斯固卑之无甚高论矣。独道者"以天为宗"，"以德为本"，"以道为门"，"不离于精"，"不离于真"，而"兆于变化"，所谓"配神明，醇天地"者也（"配神明，醇天地"见下文）。故翘然首举为"天人"，为"神人"，为"至人"，为"圣人"。而儒者"以仁为恩"，"以义为理"，"以礼为行"，"以乐为和"，"薰然慈仁"，则为"君子"。"君子"者，儒家者言以示人范者也，故以厕于"天人"、"神人"、"至人"、"真人"之次，虽不如道者"配神明，醇天地"之于道最为高，而"顺阴阳"、"明教化"以助人君者也。（《汉书·艺文志》："儒家者流，助人君，顺阴阳，明教化者也。"）至"百官""以法为分"，"以名为表"，"以参为验"，"以稽为决"，"其数一二三四"，"以此相齿"，"以事为常"，此则儒者荀子所谓"循法则度里刑辟图籍，不知其义，谨守其数，慎不敢损益，是官人百吏之所以取禄秩"（《荀子·荣辱》篇），若曰"名法诸家之学，盖百官之以相齿而常有事"，而为《汉书·艺文志》云"某家者流出于某官"之所本也。博按："百官以此相齿，以事为常"之"以"，即承前"以法为分，以名为表，以参为验，以稽为决"之四"以"字而言，若曰"四者，百官之持以相齿而事事也"。所谓"以法为分"者，"分"当读符问切，"制也"（《荀子·荣辱》篇"诗书礼乐之分乎"

注），决也（《文选·答宾戏》"烈士有不易之分"注）。决事必以法为准，此法家之正义也，以法家言明之。所谓"法"者，何也？《管子·七法》曰："尺寸也，规矩也，绳墨也，衡石也，斗斛也，角量也，谓之法。"何谓"以法为分"？《管子·明法》曰："先王之治国也，不淫意于法之外，不为惠于法之内也，动无非法者，所以禁过而外私也。威不两错，政不二门，以法治国，则举错而已。是故有法度之制者，不可巧以诈伪。有权衡之称者，不可欺以轻重。有寻常之数，不可差以长短。是故先王之治国也，使法择人，不自举也；使法量功，不自度也。"此之谓"以法为分"也。故曰法者，所以兴功惧暴。律者，所以定分止争。令者，所以使人知事。法律政令者，吏民规矩绳墨也。"此著于《管子·七臣》者也，虽然，"分"之必以"法"者何也？《慎子·威德》篇曰："法虽不善，犹愈于无法，所以一人心也。"《群书治要》引《慎子》曰"夫投钩分财，投策分马，非钩策为均也；使得美者不知所以赐，得恶者不知所以怨，此所以塞怨望也。"此"分"之所为必以"法"也。所谓"以名为表"者，《荀子·儒效》篇"行有防表"注："表，标也。""以名为表"，盖名家之学，而《汉书·艺文志》推论"名家者流出于礼官，古者名位不同，礼亦异数"。余读诸子书善言礼者，莫如《荀子》，而阐"以名为表"之旨者，故莫审于荀子也。其见意于《正名》篇者曰："王者之制名，名定而实辩，道行而志通，则慎率民而一焉。故析辞擅作民以乱正名，使民疑惑，人多辩讼，则谓之大奸，其罪犹为符节度量之罪也。"

然则乱名之罪，比于犯法矣。此"以名为表"之说也。虽然，倘表之不以"名"则奈何？荀子则重申其指曰："异形离心，交喻异物，名实玄纽，贵贱不明，同异不别，如是则志必有不喻之患，而事必有困废之祸。故知者为之分别。制名以指实，上以明贵贱，下以别同异，贵贱明，同异别，如是则志无不喻之患，事无困废之祸，此所为有名也。"正与《汉志》"名位不同，礼亦异数"之指相发。故曰："名不正，则言不顺。"无名，则何以表焉。此"表"之所为必以"名"也。惟儒者正名以齐礼；而法家稽名以准法。《尹文子·大道上》曰："以名稽虚实，以法定治乱，万事皆归于一，百度皆准于法，则顽嚣聋瞽，可与察慧聪明同其治也。能鄙齐功，贤愚等虑，此至治之术。""韩非引绳墨，切事情，明是非"（《史记·老庄申韩列传赞》），"以参为验，以稽为决"，所以谨名法之操而审其用。"盖以参为验"者，参名与法而验其当。"以稽为决"者，稽所参验而决其可也。夫"决"必期于"参验"者，何也？《韩非子·显学》篇曰："无参验而必之者，愚也！弗能必而据之者，诬也！故明据先王，必定尧舜者，非愚即诬也！"此正所以讥不稽于"参验"而为"决"者之"非愚即诬"。《国策·秦策》"寡人决讲矣"注："决，必。"是"决"即"必"。然则韩非谓"无参验而必之者愚"，犹云"无参验，而决之者愚"也。按《春秋穀梁》桓五年传"盖参讥之"疏："参者，交互之意。"《汉书·律历志上》"立则见其参于前也"注引孟康曰："权衡量三等为参。"然则"参"者，盖交稽互证之谓。衡政则偏听成奸，论学则孤证不信，故必"以参为验"也。《荀子·解蔽》篇曰："参稽治乱而通其度注："参，验。"而《韩非子·主道》篇曰："有言者自为名，有事者自为形，形名参同。"即"以参为验，以稽为决"之意。此亦名、法家之治，连"以法为分"、"以名为表"而合言之曰"其数一二三四"。百官之以相齿而常有事者，"此"也，故曰"百官以此相齿，以事为常"。《庄子·天地》篇曰："上治人者，事也。"事其事，而"以法为分，以名为表，以参为验，以稽为决"者，百官之"常"，而非帝王之所"以"也。何以言其然？《庄子·天地》篇曰："礼法度数，刑名比详，治之末也。"博按："礼法度数"，即谓"以法为分"。《荀子·劝学》篇曰"礼者法之大分"是也。"刑名"者，即"以名为表"之谓，古"形"、"刑"通，形于外者谓之"表"，故威仪亦称"表仪"，《春秋左氏》文六年传"引之表仪"是也。至所谓"比详"者，盖参比"礼法度数刑名"而详其可否得失，所谓"以参为验以稽为决"也。然而庄子则于《天道》篇重言以申明之曰："礼法度数，刑名比详，古人有之，此下之所以事上，非上之所以畜下也。"故曰：事其事而"以法为分，以名为表，以参为验，以稽为决"，百官之"常"，而非帝王之所"以"也。帝王之所"以"则奈何？《庄子·天道》篇曰："帝王之德，以天地为宗，以道德为主，以无为为常。无为也，则用天地而有余。有为也，则为天下用而不足。故古之人贵夫无为也。上无为也，下亦无为也，是下与上同德，下与上同德，则不臣。下有为也，上亦有为也，是上与下同道，上与下同道，则不主。上必无为而用天下，下必有为为天下用，此不易之道也。"然则"礼法度数，刑名比详"者，"有为为天下用"之"事"，百官之以为"常"，儒、法、名、墨诸家是也。至老子曰"道常无为而无不为"（《老子》第三十七章），则"无为而用天下"之"道"，"上之所以畜下"，而帝王之以为"常"者也。故曰："道有天道，有人道。无为而尊者，天道也。有为而累者，人道也。主者，天道也。臣者，人道也。天道之与人道，相去远矣，不可不察。"此又庄子之所著论于《在宥》篇者也。博按："天道"者，"无为而尊"之，道家得以为德，曰"上德无为而无不为"者也。（《老子》第三"人道"者，"礼法度数，刑名比详"，儒、法、名、墨之"有为而之所以事上"，故曰"臣道"，而诏"百官"之有"常"。信如庄子是百官"以事为常"，而"帝王之德""以无为为常"也。余读《艺文志》论列诸子十家，独称"道家者流，秉要执本，君人南面有以也夫！有以也夫！

古之人其备乎！配神明，醇天地（章炳麟《庄子解故》曰："醇借为准。《地官》'质人壹其淳制'，《释文》'淳音准'是其例。《易》曰：'《易》与天地准。'配神明准天地二句同意。"），育万物，和天下，泽及百姓，明于本数，系于末度，六通四辟，小大精粗，其运无乎不在。其明而在数度者，旧法世传之史，尚多有之。其在于《诗》、《书》、《礼》、《乐》者，邹鲁之士，搢绅先生多能明之。《诗》以道志，《书》以道事，《礼》以道行，《乐》

以道和,《易》以道阴阳,《春秋》以道名分。其数散于天下而设于中国者,百家之学,时或称而道之。天下大乱,贤圣不明,道德不一,天下多得一察焉以自好(王念孙《读书杂志》以一察连读。俞樾《诸子平议》曰:"察当读为际,一际犹一边也。《广雅·释诂》'际'、'边'并训'方',是际与边同义。'得其一际'即得其一边,正不知全体之谓。察、际并从祭声,故得通用耳。")。譬如耳目口鼻,皆有所明,不能相通;犹百家众技也,皆有所长,时有所用。虽然,不该不遍,一曲之士也。判天地之美,析万物之理,察古人之全(梁启超《庄子天下篇释义》曰:"察古人之全,亦当读为际。察字与判字析字并举,皆言割裂天地之美,万物之理,古人之全,而仅得其一体,此所以不该不遍,而适成其为一曲之士也。"),寡能备于天地之美,称神明之容!

博按:此亦品次"天下之治方术者",承上文而申其指也。"育万物"、"和天下"、"泽及百姓"三语,言"古之人"德无不普。"明于本数"、"系于末度"二语,言"古之人"知无不该。要而言之曰"备"。大而赞之曰"六通四辟,小大精粗,其运无乎不在"。然而"配神明"、"醇天地",此所谓"不离于宗,谓之天人;不离于精,谓之神人;不离于真,谓之至人;以天为宗,以德为本,以道为门,兆于变化,谓之圣人"者也。惟宗"天"本"德"而"不离于精"、"不离于真",所谓"配神明,醇天地"者,特"天人"、"神人"、"至人"、

"圣人"之所谓。"秉要执本"，至稽之"礼法度数，刑名比详"以有事于百官，所以"育万物"、"和天下"、"泽及百姓"者，则固不能遗弃一切而不与民生事物为缘。故曰"明乎本数，系于末度"，此"古之人"所为"六通四辟"，无愧于"备"，而运之小大精粗无不在者也。自道德之不一，"天下多得一察焉以自好"。"其在于《诗》、《书》、《礼》、《乐》者，邹鲁之士，搢绅先生多能明之"，《诗》以道志，《书》以道事，《礼》以道行，《乐》以道和，《易》以道阴阳，《春秋》以道名分，而不同"礼法度数，刑名比详"之所谓"治之末"，此之谓"本数"。而"邹鲁之士，搢绅先生多能明之"，此所谓"明于本数"者也。《汉书·艺文志·六艺略》曰："《乐》以和神，仁之表也。《诗》以正言，义之用也。《礼》以明体，明者著见，故无训也。《书》以广听，知之术也。《春秋》以断事，信之符也。"然则"明于《诗》、《书》、《礼》、《乐》"之"邹鲁之士，搢绅先生"，殆即所谓"以仁为恩，以义为理，以礼为行，以乐为和，薰然慈仁，谓之君子"者也。谓之"本数"者，若曰"礼法度数"之本尔，尚非真能宗"天"本"德"，而"不离于精"、"不离于真"者也。《庄子·天运》篇载孔子谓老聃曰："丘治《诗》、《书》、《礼》、《乐》、《易》、《春秋》六经，孰知其故矣。"老子曰："六经，先王之陈迹也，岂其所以迹哉！"然则"邹鲁之士，搢绅先生"多能明"《诗》、《书》、《礼》、《乐》"者，特是明"礼法度数"之本，尚非真能遗外形迹，深明道本而知"所以"者。傥有"以本为精"，"以物为粗"，"澹然独与神明居"，如所称关尹、老聃者，则谥之曰博大真人（见下《疏记》三），盖与古之所谓"天人"、"神人"、"至人"、"圣人"同实而殊名者也，厥为道家祖，"以有积为不足"，"建之以常无有"。而游文六艺，"明于本数"之邹鲁之士、搢绅先生，盖后世儒家之所从出焉。至云"明而在数度者，旧法世传之史尚多有之"，"其数散于天下而设于中国者，百家之学，时或称而道之"，盖"系于末度"，所谓"以法为分，以名为表，以参为验，以稽为决，其数一二三四，百官以此相齿，以事为常"者也。按《说文·自部》："官，吏事君也。"《一部》："吏，治人者也，从一，从史，史亦声。"《史部》："事，职也，从史屮省声。""史，记事者也，从又持中。"江永《周礼疑义举要·秋官》篇云："凡官府簿书谓之中，故诸官言'治中'、'受中'，小司寇'断庶民狱讼之中'，皆谓簿书，犹今之案卷也。此中字之本义。故掌文书者谓之史，其字从又从中。又者，右手，以手持簿书也。吏字、事字皆有中字，天有司中星，后世有治中之官，皆取此义。"《周礼》大小官多名史以此，故"百官"即"史"。谓之"世传之史"者，按《春秋左氏》隐八年传：众仲曰："官有世功，则有官族。"古者官有世族，故曰"世传之史"。然《孟子》书叙五霸桓公为盛，葵丘之会，四命曰"士无世官"（《孟子·告子下》），则是齐桓之时，世官已为禁令。而庄子生于春秋之衰，故曰"旧法"，然去古未远，故曰"旧法世传之史，尚多有之"。史之所明在数度，《礼记·郊特牲》云："礼之所尊，尊其义也；失其义，陈其数，祝史之事"是也。而谓之"系于末度"者，《庄子·天道》篇云"礼法度数,刑名比详,治之末",故曰"末度"也。《荀子·荣辱》篇云:"循法则度量刑辟图籍,不知其义,谨守其数,慎不敢损益也,父子相传以持王公,是故三代虽亡,治法独存。是官人百吏之所以取禄秩。"曰"谨守其数,慎不敢损益",即"系"之意。曰"父子相传以持王公",即"世传"之义,其言与庄子合。故曰"明而在数度者,旧法世传之史,尚多有之"也。"其数散于天下而设于中国,百家之学时或称而道之"者。按《说文·宀部》:"宦,仕也。"段玉裁注:"《人部》:'仕者,学也。'《左传》'宦三年矣',服虔云:'宦,学也。'《曲礼》'宦学事师'注云:'宦,仕也。'熊氏云:'宦谓学官事。学谓习六艺。'二者俱是事师。"此"百官"之"事",所由流而成为"百家之学";而益征《汉书·艺文志》云"某家者流出于某官"之说为不可易也。惟百家之学,"系于末度",而非庄子意之所先。《庄子·天道》篇云:"古之明大道者,先明天而道德次之。道德已明而仁义次之。仁义已明而分守次之。分守已明而形名次之。形名已明而因任次之。因任已明而原省次之。原省已明而是非次之。是非已明而赏罚次之。赏罚已明而愚智处宜,贵贱履位,仁贤不肖袭情,必分其能,必由其名,故书曰'有形有名'。形名者,古人有之,而非所以先也。骤而语形名赏罚,此有知治之具,非知治之道,可用于天下,不足以用天下。此之谓辩士一曲之人!"盖甚言名法诸家之非所先,而为"辩士一曲之人"。此之所谓"不该不遍一曲之士"也。"判天地之美","析万物之理","察古人之全",岂所论于"备天地之美","称神明之容"

者哉!

是故内圣外王之道,暗而不明,郁而不发。

博按:"圣"之为言"通"也,所以适己性也,故曰"内"。"王"之为言往也,所以与物化也,故曰"外"。"内圣外王",盖庄生造设此语以阐"道"之量,而持以为扬榷诸家之衡准者。惟引庄生之言足以明之。《庄子天道》篇曰:"通于圣。"又《天运》篇曰:"圣也者,达于情而遂于命也。天机不张而五官皆备,此之谓天乐,无言而心说。"又《天地》篇曰:"圣人鹑居而鷇食,鸟行而无彰,天下有道则与物皆昌,天下无道则修德就闲,千岁厌世,去而上仙,乘彼白云,至于帝乡,三患莫至,身常无殃,则何辱之有!"则是"圣"之谓"内",所以适己性也。《天地》篇又曰:"无为为之之谓天。无为言之之谓德。爱人利物之谓仁。不同同之之谓大。行不崖异之谓宽。有万不同之谓富。故执德之谓纪。德成之谓立。循于道之谓备。不以物挫志之谓完。君子明于此十者,则韬乎其事心之大也,沛乎其为万物逝也。"郭象注:"德泽滂沛,任万物之自往也。"博按:《尔雅·释诂》:"逝,往也。"则"往"即"逝"。故曰:"王德之人,素逝而耻通于事(郭象注:任素而往耳,非好通于事也。),立之本原而知通于神,故其德广,其心之出,有物采之。故形非道不生,生非德不明。存形穷生,立德明道,非王德者耶! 荡荡乎! 忽然出,勃然动,而万物从之乎!

此谓王德之人。"则是"王"之谓"外",所以与物化也。内之以成"圣",外之以成"王",而要必蕲于"刳心"。《庄子·天地》篇曰:"夫道,覆载万物者也,洋洋乎大哉!君子不可以不刳心焉。"盖不"刳心",不足以契"道"也。夫有心则累其自然而不肯"任万物之自往",惟"刳心",而后内则"圣",外则"王",乃契于"道"。惟不"刳心",而"天下多得一察焉以自好","譬如耳目口鼻,各有所明,不能相通"。此"内圣外王之道",所以"备于天地之美,称神明之容"也。老子言"道"、"德",庄子言"内圣"、"外王"。"道"也者,人之所共由也,庄子谥之曰"外王之道"。"德"也者,我之所自得也,庄子谥之曰"内圣之道"。"内圣"得其自在,"外王"蕲于平等。维纲所寄,其唯《逍遥游》、《齐物论》二篇。斯章生之所云(章炳麟《齐物论释》序),信有当于知言也!体任性真,故自由而在我,《逍遥游》之指也。理绝名言,故平等而咸适,《齐物论》之指也。综《庄子》书三十三篇,其大指以为:俯仰乎天地之间,逍遥乎自得之场,固养生之主也。然人间世情伪万端,而与接为构,日以心斗,唯无心而不自用者,为能放乎逍遥而得其自在也。夫唯逍遥之至者,为能游心乎德之和,不系累于形骸,而见其所丧,视丧其足,犹遗土也,斯固德充之符矣!是则虽天地之大,万物之富,其所宗而师者无心也。夫无心而放乎自在,任乎自化者,应为帝王也。然则《养生主》、《人间世》及《德充符》三篇,所以尽《逍遥游》不言之指,而《大宗师》及《应帝王》则以竟《齐物论》未发之蕴者也。此《内篇》之大凡也。凡《外篇》十五：曰《骈拇》，曰《马蹄》，曰《胠箧》，曰《在宥》，四篇言绝圣弃知，绝仁弃义以去性命之桎梏。曰《天运》，言逍遥无为之为采真之游。曰《刻意》，言逍遥之在恬淡寂寞虚无无为。曰《缮性》，言以恬养知之为逍遥。曰《至乐》，言至乐唯逍遥于无为。曰《达生》，言弃世则无累于逍遥。曰《山木》，言虚己以游世之孰能害。曰《田子方》，言游于物之初。此言《逍遥游》也。曰《天地》，言不同同之之为王德。曰《天道》，言静而圣、动而王之壹于虚静恬淡寂寞无为，所以明内圣外王之无二道，亦《齐物论》之指也。《秋水》言小大之齐。《知北游》言死生之齐。此言《齐物论》也。凡《杂篇》十。其中言《逍遥游》者五：曰《外物》，曰《让王》，曰《盗跖》，曰《渔父》，曰《列御寇》。言《齐物论》者五：曰《庚桑楚》，曰《徐无鬼》，曰《则阳》，曰《寓言》，曰《说剑》。一言以蔽之，曰"道法自然"，无殊于"内圣"、"外王"也。不任自然，则失其性命之情。一任自然，则安于性命之情。性命之安在我，则放乎逍遥之游，内圣之德也。性命之安在人，乃以征物论之齐，外王之道也。此《庄子》书之大指也。然《庄子》书三十三篇，言《逍遥游》者二十篇，言《齐物论》者十二篇，而本篇之为叙录者不算焉，则是详于内圣而略于外王也。于戏！庄生不云乎？"道之真以治身，其绪余以为国家，其土苴以治天下。由此观之，帝王之功，圣人之余事也，非所以完身养生也。"（《让王》篇）故略之也。

天下之人，各为其所欲焉以自为方。悲夫！百家往而不反，必不合矣。后世之学者，不幸不见天地之纯，古人之大体。道术将为天下裂。

博按：庄子《齐物论》曰："道未始有封。""天下之人，各为其所欲焉以自为方"，则是道之有封矣。有封，斯有是非。《齐物论》又曰："是非之彰也，道之所以亏也。道之所以亏，爱之所以成。"郭象注："道亏，则情有所偏而爱有所成，未能忘爱释私，玄同彼我也。"则是道术之为天下裂，而后"天下之人，各为其所欲焉以自为方"也。人抵百家之所为，殊异于老庄者：老庄弃智而任道，百家遗道而徇智。弃智而任道者，有以"见天地之纯"，"察（读如字）古人之全"，而是非之畛泯。遗道而徇智者，将以"判天地之美"，"析万物之理"，而彼我之见纷。盖道者主"一"以窥大道之全，而百家裂"道"以明"一曲"之智，"浑沦"之与"琐碎"异（《列子·天瑞》曰：气形质具而未相离，故曰浑沦。浑沦者，言万物相浑沦而未相离也。），"玄同"之与"相非"违也。杨子《法言·问道》道以导之，德以得之，仁以人之，义以宜之，礼以体之，天也，合则浑，离则散。""天下之人，各为其所欲焉以自为方。悲夫！百家往而不反，必不合矣。""循于道之谓备，不以物挫志之谓完"，此道者所以于百家最为高，而救一切圣智之祸也！

墨翟 禽滑厘 宋钘 尹文

不侈于后世，不靡于万物，不晖于数度，以绳墨自矫而备世之急，古之道术有在于是者。墨翟、禽滑厘闻其风而说之。为之大过，已之大顺（梁启超《庄子天下篇释义》曰：已，止也。即下文"明之不如其已"之已。大顺即太甚之意，言应做之事做得太过分，应节止之事，亦节止得太过分。顺、甚音近可通也。）。作为《非乐》，命之曰《节用》，生不歌，死无服。墨子泛爱兼利而非斗，其道不怒，又好学而博，不异，不与先王同，毁古之礼乐。黄帝有《咸池》，尧有《大章》，舜有《大韶》，禹有《大夏》，汤有《大濩》，文王有辟雍之乐，武王、周公作《武》。古之丧礼，贵贱有仪，上下有等，天子棺椁七重，诸侯五重，大夫三重，士再重。今墨子独生不歌，死不服，桐棺三寸而无椁，以为法式。以此教人，恐不爱人。以此自行，固不爱己。未败墨子道，虽然，歌而非歌，哭而非哭，乐而非乐，是果类乎？其生也勤，其死也薄，其道大觳，使人忧，使人悲，其行难为也，恐其不可以为圣人之道。反天下之心，天下不堪，墨子虽独能任，奈天下何？离于天下，其去王也远矣。墨子称道曰："昔者禹之湮洪水，决江河而通四夷九州也，名山三百（俞樾《诸子平议》曰：名山当作名川。），支川三千，小者无数。禹亲自操槁耜而九杂天下之川,腓无胈,胫无毛,沐甚雨,栉疾风,置万国。禹大圣人也,而形劳天下也如此。"使后世之墨者,多以裘褐为衣,以跂蹻为服,日夜不休,以自苦为极,曰:"不能如此,非禹之道也,不足为墨。"

博按:"不与先王同",当连下"毁古之礼乐"读,所以证墨子之"不侈于后世,不靡于万物,不晖于数度"者也。盖墨子之意,主于节用,生当先王礼明乐备之后,而"毁古之礼乐","命之曰《节用》,生不歌,死无服"。此其所以"不与先王同",岂非所谓"不侈于后世,不靡于万物,不晖于数度"者耶?此《节用》、《节葬》、《非乐》诸篇之指也。"先王",谓黄帝、尧、舜、禹、汤、文、武、周公;而"后世"则专指周而言。《论语·八佾》:子曰:"周监于二代,郁郁乎文哉!"正所谓"靡于万物","晖于数度"之世。《说文·日部》:"晖,光也。"《太玄经·视·次五》:"厥德晖如。"注:"晖如,文德之貌也。"墨子之嫉文德与老子同,而微有异者,盖老子欲反周之文以跻之"古始"之"朴"(《老子》第十九章曰:绝圣弃智,民利百倍;绝仁弃义,民复孝慈;绝巧弃利,盗贼无有。此三者以为文不足,故令有所属,见素抱朴。),而墨子则矫周之文胜而用夏之质。《淮南子·要略训》云:"'墨子学儒者之业,受孔子之术,以为其礼烦扰而不说,厚葬靡财而贫民,服伤生而害事,故背周道而用夏政。"今庄子之称墨子曰:"使后世之墨者,多以裘褐为衣,以跂蹻为服,日夜不休,以自苦为极,曰:'不能如此,非禹之道也,不足为墨。'"与淮南之说同。而儒者荀子则著《富国》篇以非墨子之节用,著《礼论》篇以斥墨子之短丧,著《乐论》篇以贬墨子之非乐,而最其指于《解蔽》篇,一言以蔽之曰"墨子蔽于用而不知文",皆指此篇所称"墨子命之曰《节用》,生不歌,死无服"、"毁古之礼乐"而言。至荀子《天论》篇曰:"墨子有见于齐,无见于畸。"其非墨子之见于《非十二子》篇者曰:"不知壹天下建国家之权称,上功用,大俭约而僈差等,曾不足以容辩异。"此墨子《尚同》之指,而此篇所云"墨子泛爱兼利而非斗,其道不怒,又好学而博,不异"者也。"不异",即荀子所谓"有见于齐";而"不异"之"异",即荀子《非十二子》篇"僈差等,曾不足以容辩异"之"异"。惟荀子所谓"僈差等"者,承"上功用大俭约"而言,犹是《节用》、《节葬》之指。而庄生所云"不异"者,承"泛爱兼利而非斗,其道不怒"而言,乃是《兼爱》、《非攻》之义。然则庄生云"不异",荀子曰"僈差等",谓墨子之"有见于齐"同;而庄以议墨之兼爱,荀以非墨之节用,所以谓墨子之"有见于齐"者则异。墨子之道多端,其书七十一篇,著有《汉书·艺文志》,今存者五十三篇。《鲁问》篇:墨子之语魏越曰:"凡入国,必择务而从事焉。国家昏乱,则语之《尚贤》、《尚同》。国家贫,则语之《节用》、《节葬》。国家憙音沉湎,则语之《非乐》、《非命》。国家淫僻无礼,则语之《尊天》、《事鬼》。国家务夺侵陵,则语之《兼爱》、《非攻》"。今《墨子》书虽残缺,然自《尚贤》至《非命》三十篇,所论略备。

而要其归，不外《节用》、《兼爱》。其余诸端，皆由《节用》、《兼爱》推衍而出。如《节葬》、《非乐》诸义，由《节用》而出者也；《上同》、《上贤》、《非攻》诸义，皆由《兼爱》而出者也。《汉书·艺文志》论墨家者流，于胪举诸端之后，而卒之曰："蔽者为之，见俭之利，因以非礼，推兼爱之意而不知别亲疏。"亦要其归于节用、兼爱二者。而节用尤为墨道之第一义，一则俭于自为，乃能丰于及物，二则兼爱者不暇自爱，不暇自爱则亦不侈于自奉。此荀子所由专非其节用。庄生虽并称兼爱，而特侧重于节用。所谓开宗明义，特揭其出古之道术，曰"不侈于后世，不靡于万物，不晖于数度"者也。然而论之曰："其生也勤，其死也薄，其道大觳，使人忧，使人悲，其行难为也，恐其不可以为圣人之道。"则是内不能达情遂命以通于"圣"也。又曰："反天下之心，天下不堪，墨子虽独能任，奈天下何？离于天下，其去王也远矣！"则是外不能与物俱往以跻于"王"也。"是故内圣外王之道，暗而不明，郁而不发"，此则墨子之大蔽也。墨子行事不概见。《史记·孟子荀卿列传》后附云："墨翟，宋之大夫，善守御，为节用。或曰并孔子时，或曰在其后。"禽滑厘，墨子弟子，见《墨子·公输》篇。

相里勤之弟子五侯之徒，南方之墨者苦获已齿、邓陵子之属，俱诵《墨经》，而倍谲不同（郭庆藩《庄子集释》曰：倍谲，背镱之借，外向之名。庄子盖喻各泥一见，二人相背耳。），相谓别墨。以坚白同异之辩相訾,以觭偶不仵之辞相应(梁启超《庄子天下篇释义》曰:觭字不见他书,疑为畸之异文,实即奇字。《说文》云:奇,不偶也。),以巨子为圣人,皆愿为之尸,冀得为其后世,至今不决。

博按:《韩非子·显学》篇曰:"自墨子之死也,有相里氏之墨,有相夫氏之墨,有邓陵氏之墨,墨离为三。"是即此篇所称"相里勤之弟子五侯之徒,南方之墨者苦获己齿、邓陵子之属"也。而"俱诵《墨经》"之"《墨经》"有二说:一谓"《墨经》"指《墨子》书卷一之《亲士》、《修身》、《所染》、《法仪》、《七患》、《辞过》、《三辩》七篇而言。黄震《日抄读诸子》曰:"墨子之书凡二:其后以'论'称者多衍复,其前以'经'称者善文法。"钱曾《读书敏求记》曰:"潜溪《诸子辩》云:'《墨子》三卷:上卷七篇,号曰经,中卷、下卷六篇,号曰论。'予藏弘治己未旧抄本,卷篇之数,恰与其言合。"毕沅《墨子注叙》曰:"又三卷一本,即《亲士》至《尚同》十三篇。宋王应麟、陈振孙仅见此本,有乐台注,见郑樵《通志·艺文略》,今亡。"世所传十五卷本不分题经、论而三卷本上卷七篇,必于目下题经,故号曰经。此相传之古说也。一谓"《墨经》"乃指《墨子》书之《经·经说》而言。孙诒让《墨子闲诂》谓:"《墨经》即《墨辩》,今书《经说》四篇及《大取》、《小取》二篇。"近儒梁启超、胡适皆宗焉。此挽出之新说也。自博观之,当以古说为可信。按《管子》

书有《经言》九篇;《韩非子·内储说上》有"经"七篇,《内储说下》有"经"七篇,《外储说右上》有"经"三篇,《外储说右》有"经"五篇,皆以"经"冠诸篇之首,则《墨子》书之"经"亦应冠于篇首。而《经·经说》,其篇次列第四十至第四十三,如真以为《墨经》,不应后其所先,轻重倒置若此。一也。且题曰"经"者,必全书之大经大法。而《墨子》书之大经大法,不过《天志》《尚贤》《兼爱》、《节用》、《非乐》荦荦数大端,而此荦荦数大端,皆于卷之一七篇中发其指(张采田《史微原墨》),斯足以揭全书之纲,题之曰《经》而无愧。至《经·经说》不过"辩言正辞"而已,小辩破道,奚当于大经大法。二也。故曰:"《墨经》者,乃指《墨子》书卷之一《亲士》、《修身》、《所染》、《法仪》、《七患》、《辞过》、《三辩》七篇而言。"曰"俱诵《墨经》而倍谲不同"者,谓相里勤、邓陵之徒,虽俱诵《墨经》,然背诵所言,有乖于墨子之大经大法,故曰"而","而"者,辞之反也。"相谓别墨"云者,谓人以别墨相谓,若曰"墨家之别派"云尔,不以正宗予之也。曷为不以正宗予之?以其背诵所言,相訾以"坚白同异之辩",相应以"觭偶不忤之辞",与《墨经》称说不同也。故不以正宗予之,而相谓曰"别墨"也。然相里勤、邓陵之徒,则不以"别墨"自居,而欲得为巨子,辩其所是以为天下宗主,而篡墨家之统焉!墨家号其道理成者为巨子,若儒家之硕儒。巨子为墨家之所宗,如儒者之"群言淆乱衷诸圣"也。

墨翟、禽滑厘之意则是，其行则非也。将使后世之墨者，必自苦，以腓无胈，胫无毛，相进而已矣！乱之上也！治之下也！虽然，墨子真天下之好也！将求之不得也！虽枯槁不舍也，才士也夫！

博按：庄生之道，在贵身任生，以无为而治，而见墨者之教，劳形勤生，以自苦为极，"反天下之心，天下不堪"，行拂乱其所为而已矣。故曰"乱之上也"。郭象注："乱莫大于逆物而伤性也。"使用墨者之教而获有治焉？终以"逆物伤性"而不得跻无为之上治也。故曰"治之下也"。然其用心笃厚，利天下为之，"虽枯槁不舍也"。"将求之不得也"，岂非"真天下之好"也哉！好，读"许皓切"，如《诗·遵大路》"不寁好也"、《国语·晋语》"不可谓好"之"好"，美也，善也。墨翟"以绳墨自矫而备世之急"，其权略足以持危应变，而所学该综道艺，洞究象数之微，此庄生所以甚非其行而卒是其意，称之曰"天下之好"，媵之以"才士"之目也。故非禽滑厘之徒，所可等量齐观矣。

右论墨翟、禽滑厘。

不累于俗，不饰于物，不苟于人（章炳麟《庄子解》曰：苟者，苟之误。《说文》言苟之字止句，是汉时俗书，苟苟相乱。下言苟察，一本作苟，亦其例也。），不忮于众，愿天下之安宁以活民命，人我之养，毕足而止，以此白心，古之道术有在于是者。宋钘、尹文闻其风而说之。作为华山之冠以自表。接万物以别宥为始，语心之容，命之曰心之行。以聊、合、欢，以调海内请欲，置之以为主（梁启超《庄子天下篇释义》曰：聉字不见他书。郭嵩焘据《庄子阙误》引作聉，训为烂也，熟也，软也。大概当是宋钘、尹文用软熟和合欢喜的教义，以调节海内人的情欲。"请欲"当读为"情欲"，即下文情欲寡浅之情欲也。"请"读为"情"，《墨子》书中甚多，情、请二字古通用甚明。宋钘、尹文即以此种情欲为学说基础，故曰"以聉合欢，以调海内请欲，置之以为主"。）。见侮不辱，救民之斗；禁攻寝兵，救世之战，以此周行天下，上说下教。虽天下不取，强聒而不舍者也。故曰"上下见厌而强见也"。虽然，其为人太多，其自为太少。曰："请欲固置五升之饭足矣。先生恐不得饱，弟子虽饥不忘天下。"日夜不休，曰："我必得活哉！"图傲乎救世之士哉（章炳麟《庄子解故》曰：图当为啚之误，啚即鄙陋鄙夷之本字，啚傲犹言鄙夷耳。）！曰："君子不为苛察，不以身假物。"以为"无益于天下者，明之不如已也！"以禁攻寝兵为外，以情欲寡浅为内，其小大精粗，其行适至是而止。

博按：宋钘、尹文，盖墨者之支与流裔。而庄生所以明其所自出"古之道术"，曰"不累于俗，不饰于物"，即墨子"不侈于后世，不靡于万物，不晖于数度"之意。"不苟于人，不忮于众"，即墨子"泛爱兼利而非，斗其道不怒"之指。此宋钘、尹文之所为与墨同。然"墨子兼爱，摩顶放踵，利天下为之"（《孟子·尽心上》），"为之大过，已之大顺"，不恤牺牲自我以利天下者也。至宋钘、尹文之所为白心，则以"我"亦天下之一民，苟"天下之安宁"，不能"人"足养而遗外"我"也，愿"毕足"焉。此宋钘、尹文之所与墨子异。盖一则舍己徇人，一则人我毕足也。今观宋钘、尹文之"上说下教"，不外两事，曰："以禁攻寝兵为外，以情欲寡浅为内。"而"接万物以别宥为始"。盖非"别宥"，不知"见侮"之"不辱"；不知"见侮"之"不辱"，则不能以"禁攻寝兵"。非"别宥"，不明"为人"之"自为"；不明"为人"之"自为"，则不能以"寡浅情欲"。此实宋钘、尹文之第一义谛也。按"别宥"之说，见于《吕氏春秋·先识览》《去宥》之章，其言邻父有与人邻者，有枯梧树。其邻之父言梧树之不善也，邻人遽伐之。邻父因请而以为薪，其人不说，曰：'邻者若此其险也，岂可为之邻哉！'此有所宥也。夫请以为薪与勿请，此不可以疑枯梧树之善与不善也。齐人有欲得金者，清旦被衣冠，往鬻金者之所，见人操金，攫而夺之。吏搏而束缚之，问曰：'人皆在焉，子攫人之金何故？'对曰：'殊不见人，徒见金耳！'此真大有所宥也。夫人有所宥者，固以昼为昏，以白为墨，以尧为桀，宥之为败亦大矣！亡国之主，其皆甚有所宥耶。故凡人必别宥然后知。别宥，则能全其天矣。"毕沅谓"宥疑与囿同"。"囿"有"域之"之义。（《诗·灵台》

"王在灵囿"传：囿，所以域养鸟兽也。《国语·楚语》"王在灵囿"注：囿，域也。）而"别囿"云者，盖别白其囿我者而不蔽于私之意。"伐梧"者疑言邻父，"攫金"者不见人操，大抵迕于接物者，罔不有囿于私利之见者存。惟"别囿"，而后知"尚同"、"兼爱"，万物交利，我亦不遗焉。故曰"接万物以别囿为始"也。《尸子·广泽》篇云："料子贵别囿。"料子行事，无闻，傥宋钘、尹文之徒耶？吾观宋钘、尹文，惟"别囿"，而后"为人"无患于"太多"，"自为"不嫌其"太少"，曰："请欲固置五升之饭足矣。先生恐不得饱，弟子虽饥不忘天下。"惟"别囿"，而后"以为无益于天下者，明之不如已"。盖所明而"无益于天下"，则所见者小而遗者大，囿之未能别，可知也。故曰"明之不如已"。《庄子·逍遥游》曰："故夫知效一官，行比一乡，德合一君而征一国者，其自视也亦若此矣！而宋荣子犹然笑之。"夫"知效一官，行比一乡，德合一君而征一国者"，非无所明也，然而所见者限于一官一隅之细，郭象注："亦犹鸟之自得于一方。"此亦有所"囿"也。故"宋荣子犹然笑之"，笑其见小而遗大也。宋荣子即宋钘。《韩非子·显学》篇曰："宋荣子之议，设不斗争，取不随仇，不羞囹圄，见侮不辱"，与此称宋钘"见侮不辱"同。"见侮不辱"，亦"别囿"之明效大验也。惟"别囿"，而后内则"情欲寡浅"，外则"禁攻寝兵"。"以禁攻寝兵为外"，同于墨子之"非攻"；"以情欲寡浅为内"，本诸墨子之"节用"，宋钘、尹文"小大精粗，其行适至是而止"。此宋钘、尹文所以为墨者之支与流裔也。

然而有不同者，墨者"日夜不休，以自苦为极"；宋钘、尹文"日夜不休，曰我必得活"。盖墨子救世而极以自苦；宋钘尹文养人而不忘足我，故以"我必得活"，"图傲乎救世之士"也。"救世之士"，即指墨者之徒而言。墨者之徒，"以绳墨自矫而备世之急"，故命之曰"救世之士"。所以图傲之者何？曰："人我之养，毕足而止"，"我必得活"，不如墨者之道"大觳"，"反天下之心，天下不堪"，此所为相图傲也！然则宋钘、尹文者，倪有合于"内圣外王之道"者耶？曰："不然。'外王'而未能大通。'内圣'而未臻释然。"何以言其然？观于宋钘、尹文，"不苟于人，不忮于众，愿天下之安宁以活民命"，"以聏合欢，以调海内请欲，置之以为主"，此宋钘、尹文之愿欲为"外王"也。然而"上说下教，虽天下不取，强聒而不舍"，"上下见厌而强见"，则是未能任万物之自往也。曰："人我之养，毕足而止。"日夜不休，曰我必得活哉！"图傲乎救世之士哉！"救世"而不外遗"我"，以视墨翟之"大觳"，"使人忧愁"，"以自苦为极"，差为"达情"而"遂命"者，然而"以情欲寡浅为内"，则是纯任自然之未能也。"是故内圣外王之道，暗而不明，郁而不发"，由于宋钘、尹文之欲为"外王"而未能大通，欲为"内圣"而未臻释然也。此则宋钘、尹文之蔽也。《荀子·非十二子》篇以宋钘与墨翟同称，盖亦以为墨者之支与流裔也。宋钘著书不传，其遗说略可考见于《孟子》、《荀子》书者，亦惟"以禁攻寝兵为外，以情欲寡浅为内"两义而已。《孟子·告子下》载"宋牼将之楚。孟子遇于石丘，曰：'先生将何之？'曰：'吾闻秦楚构兵，我将见楚王，说而罢之。楚王不说，我将见秦王，说而罢之。二王我将有所遇焉。'"此"禁攻寝兵"之说也。由国家言之，则曰"禁攻寝兵"，由私人而言，则曰"见侮不辱"。《荀子·正论》篇曰："子宋子曰：'明见侮之不辱，使人不斗。人皆以见侮为辱，故斗也；知见侮之为不辱，则不斗矣！'"又曰："子宋子曰：'见侮不辱。'"此"见侮不辱"之教也。一言以蔽之，曰"非斗"而已！至《荀子·天论》篇曰："宋子有见于少，无见于多。"《正论》篇曰："子宋子曰：'人之情欲寡，而皆以己之情欲为多，是过也。'故率其群徒，辩其谈说，明其譬称，将使人知情欲之寡也。"《解蔽》篇曰："宋子蔽于欲而不知得。"此言宋钘之"情欲寡浅"也。《荀子·正论》篇又曰："子宋子严然而好说，聚人徒，立师学，成文曲。"此言宋钘之"上说下教"也。《汉书·艺文志》著《尹文子》一篇，在名家。注曰："说齐宣王，先公孙龙。师古曰：刘向云：与宋钘俱游稷下。'"而世所传《尹文子》书，析题《大道上篇》、《大道下篇》，大指陈论治道，欲自处于虚静，而万事万物，则一一综核其实，其言出入黄老申韩之间，与庄生所称不类，疑非其真也！其行事不可考见。《汉书·艺文志》又有《宋子》十八篇，在小说家。注云："孙卿道宋子，其言黄老意。"或以为即宋钘书。然吾观李耳"无为自化，清净自正"，而宋钘"上说下教""为人太多"，何黄老意之有！而曰"其言黄老意"者；岂以"见侮不辱"，同于道者之"卑弱以自持"，而"情欲寡浅"，亦类道者之"清虚以自守"耶？

右论宋钘、尹文。

彭蒙 田骈 慎到 关尹 老聃

　　公而不当，易而无私，决然无主，趣物而不两，不顾于虑，不谋于知，于物无择，与之俱往，古之道术有在于是者。彭蒙、田骈、慎到闻其风而说之。齐万物以为首，曰："天能覆之而不能载之，地能载之而不能覆之，大道能包之而不能辩之，知万物皆有所可，有所不可。"故曰："选则不遍，教则不至，道则无遗者矣。"是故慎到弃知去己而缘不得已，泠汰于物以为道理，曰："知不知，将薄知而后邻伤之者也！"謑髁无任，而笑天下之尚贤也；纵脱无行，而非天下之大圣。椎拍輐断，与物宛转；舍是与非，苟可以免。不师知虑，不知前后，魏然而已矣！推而后行，曳而后往，若飘风之还，若羽之旋，若磨石之隧，全而无非，动静无过，未尝有罪。是何故？夫无知之物，无建己之患，无用知之累，动静不离于理，是以终身无誉。故曰："至于若无知之物而已，无用贤圣，夫块不失道！"豪杰相与笑之，曰："慎到之道，非生人之行，而至死人之理。"适得怪焉。田骈亦然，学于彭蒙，得不教焉。彭蒙之师曰："古之道人，至于莫之是莫之非而已矣。其风窢然，恶可而言！"常反人不见观，而不免于魭断。其所谓"道"非"道"，而所言之韪，不免于非。

彭蒙、田骈、慎到不知"道",虽然,概乎皆尝有闻者也。

博按:彭蒙无可考。此篇云"田骈亦然,学于彭蒙",则是彭蒙,田骈之师也。《汉书·艺文志》道家有《田子》二十五篇,注云:"名骈,齐人,游稷下,号天口骈。"法家有《慎子》四十二篇,注云:"名到,先申韩,申韩称之。"今《田子》书佚,独传《慎子》书《威德》、《因循》、《民杂》、《德立》、《君人》五篇,其书大旨欲因物理之当然,各定一法而守之,不求于法之外,亦不宽于法之中,则上下相安,可以清净而治。然法所不行,势必刑以齐之,道德之为刑名,此其枢机,所以申、韩多称之也。《史记·孟子荀卿列传》曰:"慎到,赵人;田骈,齐人,皆学黄老道德之术,因发明序其指意",则是慎到、田骈者,道家之支与流裔,故庄子虽斥其"不知道",而未尝不许以"概乎皆尝有闻"。庄子有"齐物"之论,曰:"物固有所然,物固有所可。无物不然,无物不可。故为是举莛与楹,厉与西施,恢诡谲怪,道通为一。"是故彭蒙、田骈、慎到"齐万物以为首知万物皆有所可,有所不可"。曰"选则不遍,教则不至,道则无遗"者,以"大道能包之而不能辩之也"。"万物皆有所可,有所不可",斯之谓"辩之"。大道而能"辩之",则是道之有畛也。辩其是非,则有所"选"矣。辩其得失,则有所"教"矣。"选则不遍,教则不至。"若乃"道未始有封",包是非,兼得失,岂以"辩之"为能乎?此其说亦在《齐物论》也。《齐物论》曰:"古之人,其知有所至矣。恶乎至?有以为未始有物者，至矣，尽矣，不可以加矣。其次以为有物矣，而未始有封也。其次以为有封焉，而未始有是非也。是非之彰也，道之所以亏也。"夫道之亏，由于是非之彰，然必有是有非而后有所选。有选斯有封，故曰"选则不遍"也。《齐物论》又曰："昭文之鼓琴也，师旷之枝策也，惠子之据梧也，三子之知几乎，皆其盛者也，故载之末年。惟其好之也，以异于彼。其好之也，欲以明之。彼非所明而明之，故以坚白之昧终。而其子又以文之纶终、终身无成。若是而可谓成乎？虽我亦成也。若是而不可谓成？物与我无成也。"郭象注："言此三子，唯独好其所明，明示众人，欲使同乎我之所好，是犹对牛鼓簧耳。此三子虽求明于彼，彼竟不明。物皆自明而不明彼。若彼不明，即谓不成，则万物皆相与无成矣。故圣人不显此以耀彼，不舍己而逐物，从而任之，各冥其所能，故曲成而不遗也。今三子欲以己之所好，明示于彼，不亦妄乎！"故曰"教则不至"也。《齐物论》又曰："道未始有封，言未始有常，为是而有畛也。请言其畛：有左有右，有伦有义，有分有辩，有竞有争，此之谓八德。"则是"辩"者，道之"畛"也。"大道能包之时不能辩之"，"辩之"，则域于自封而所见有遗矣。曾是"无所不在"之道而若此乎？故曰"道则无遗"者矣。此彭蒙、田骈、慎到之宗庄子也。老子"常使民无知无欲"（《老子》第三章）。曰："爱民治国，能无知乎？"（《老子》第十章）"民之难治，以其知多。故以知治国，国之贼；不以知治国，国之福。"（《老子》第六十五章）"常使知者不敢为也。"（《老子》第三章）

是故慎到弃知去己，而缘不得已，泠汰于物以为道理，曰："知不知，将薄知而后邻伤之者也。"郭象注："谓知力浅，不知任其自然，故薄之而又邻伤也。"解虽是而意未明。博按《广雅·释诂三》曰："薄，迫也。邻，近也。"《庄子·齐物论》曰："知止其所不知，至矣！"郭象注："所不知者，皆性分之外也，故止于所知之内而至也。"倘强知所不知，不知之知，终不可至，将薄于不知之知，而知之性分，亦复邻于伤矣！"而后"之后，疑当为复，形近而误。此之谓"知不知，将薄知而后邻伤之"也。夫惟"无知之物，无建己之患，无用知之累"，"动静不离于理"，是以"铃泠于物以为道理"耳。老子"不尚贤，使民不争"（《老子》第三章），是故慎到"谿髁无任，而笑天下之尚贤"也。老子"绝圣弃知"（《老子》第十九章），是故慎到"纵脱无行，而非天下之大圣"，曰："至于若无知之物时已，无用贤圣，夫块不失道！"老子"行不言之教"（《老子》第二章），曰："不言之教，无为之益，天下希及之。"（《老子》第四十三章）是故田骈"学于彭蒙，得不教焉"。此彭蒙、田骈、慎到之宗老子也。要之"不顾于虑，不谋于知，于物无择，与之俱往"而已。既曰"不顾于虑，不谋于知，于物无择，而与俱往"矣，则"无意无必，无固无我"，故曰："椎拍辊断，与物宛转。"《史记·绛侯周勃世家》"其椎少文如此"，《集解》引韦昭曰："椎，不挠曲，直至如椎。""椎"亦或"锥"之假。"锥"，器之锐者。老子曰："揣而锐之不可长保。"（《老子》第九章）又曰："曲则全，枉则直。"（《老子》第二十二章）

故"椎"则拍之。《广雅·释诂》云:"拍,击也。""鲦断",即下文"鲵断"。"鲦",疑车具之有棱者。"鲵",疑鱼体之有刺者。郭象注:"鲵断,无圭角也。"挠锐直,无圭角,而与物为宛转。此老子所谓"挫其锐,解其纷,和其光,同其尘"者也。(《老子》第四章)故曰:"舍是与非,苟可以免,不师知虑,不知前后,魏然而已矣。推而后行,曳而后往,若飘风之还,若羽之旋,若磨石之隧",此之谓"椎拍鲦断,与物宛转",即"不顾于虑,不谋于知,于物无择,而与俱往"之征验矣。而卒之曰"常反人不见观"者,盖总承上文而言之。"见",即《孟子·尽心上》"修身见于世"之"见";"观",即《庄子·大宗师》"以观众人之耳目"之"观",其义皆训示也。人以无所表见于世为患,而彭蒙、田骈、慎到则以自见为"建己之患";人以无所知为耻,而彭蒙、田骈、慎到则以"知不知"为"用知之累","弃知去己",常与人情相反,不欲有所见观于世。故曰"常反人不见观"也。然老子"知雄守雌","知白守黑","知荣守辱"(《老子》第二十八章),原无意必于去知,不过守雌守黑守辱,不肯予智自雄而已。至慎到则果于去知,自处以块,曰"至于若无知之物而已","块不失道"。夫"块",则块然无知之一物而已,奚有于"知雄"、"知白"、"知荣"者哉!故庄子虽以"概乎有闻"许之,而卒不许以"知道"。何者?以其未能妙造自然,而不免于"鲵断"也。夫以彭蒙、田骈、慎到之"于物无择,与之俱往","弃知去己而缘不得已,泠汰于物以为道理","椎拍鲦断,与物宛转",庶几乎"德泽滂沛,任万物之自往"者,殆庄子所谓"王德之人"耶?然而果于去知,"非生人之行而至死人之理"。则何"达情遂命"之与有?庄子不云乎?"圣也者,达于情而遂于命也。"则是彭蒙、田骈、慎到者,有志于"王"而卒亏为"圣",外似近"王"而内未尽"圣"也。《荀子·非十二子》篇曰:"尚法而无法,下修而好作,上则取听于上,下则取从于俗,终日言成文典,反紃察之,则倜然无所归宿,是慎到、田骈也。"又《天论》篇谓:"慎子有见于后,无见于先。"正与庄子所谓"于物无择","与之俱往"义相发矣!

右论彭蒙、田骈、慎到。

以本为精,以物为粗,以有积为不足,澹然独与神明居,古之道术有在于是者。关尹、老聃闻其风而说之,建之以常无有,主之以太一,以濡弱谦下为表,以空虚不毁万物为实。

博按:《史记·老庄申韩列传》曰:"老子修道德,其学以自隐无名为务,居周久之,见周之衰,乃遂去,至关。关令尹喜曰:'子将隐矣,强为我著书!'于是老子乃著书上、下篇,言道德之意,五千余言而去,莫知其所终。"《汉书·艺文志》道家有《老子邻氏经传》四篇,《老子傅氏经说》三十七篇,《老子徐氏经说》六篇,《刘向说老子》四篇,而《老子》书不著录。有《关尹子》九篇,注云:"关尹子,名喜,老子过关,喜去吏而从之。"疑关尹,老聃之弟子也。而此篇以关尹列老聃之前,不晓何故。《隋书·经籍志》、《旧唐书·经籍志》《新唐书·艺文志》皆不载关尹子,知原本久佚,而世所传《关尹子》一卷,乃出宋人依托也。"以本为精,以物为粗",则是纯以神行,不阂于迹者也,宜若"淡然独与神明居"矣!而云"以有积为不足"者,非意不足于"有积"也。"有积"而以"不足"用之,老子所谓"道冲而用之或不盈"者也。(《老子》第四章)"冲"者,充之假。"道,充而用之或不盈",即"大盈若冲"之意(《老子》第四十五章)。"而"者,词之反也。"充"与"不盈"相反其意。道之大盈为"充"。"古之人其备乎!配神明,醇天地,育万物,和天下,泽及百姓,明于本数,系于末度,六通四辟,小大精粗,其运无乎不在",此之谓"道充",亦此之谓"有积"。然大盈之道,而以不盈用之,此之谓"以有积为不足"。"以"之为言用也。《老子》书二十章,"众人皆有以",七十八章"其无以易之",王弼注皆曰:"以,用也。""有积"者,不遗"物"之"粗"。而"以有积为不足"者,则反"本"之"精",承上二语而神明其用也。倪如郭象注云:"寄之天下,乃有余也?"则若真"以有积为不足"矣!道家者言,无此呆谛也。博按老子曰:"企者不立,跨者不行,自见者不明,自是者不彰,自伐者无功,自矜者不长,其在道也曰余食赘行。"(《老子》第二十四章)此"以有积为有积"者也。"物或恶之,故有道者不处。"(《老子》第二十四章)故曰:"知其雄,守其雌,为天下溪。为天下溪,常德不离,复归于婴儿。知其白,守其黑,为天下式。为天下式,常德不忒,复归于无极。知其荣,守其辱,为天下谷。为天下谷,常德乃足,复归于朴。"(《老子》第二十八章)夫"知雄"而守之以"雌","知白"而守之以"黑","知荣"时守之以"辱",此之谓"以有积为不足"。"知雄"、"知白"、"知荣","有积"也;守之以"雌"、"黑"、"辱","以有积为不足"也。故曰:"虽有荣观,燕处超然。"(《老子》第二十六章)使"以不足为不足",则"雌"矣,"黑"矣,"辱"矣,焉足"为天下式"乎!故曰:"圣人之治,虚其心,实其腹,弱其志,强其骨。"(《老子》第三章)使"以有积为有积",则"富贵而骄,自遗其咎"(《老子》第九章),"强梁者不得其死"(《老子》第四十二章)矣!故曰:"持而盈之,不如其已。"(《老子》第九章)而荀子则讥之曰:"老子有见于诎,无见于信。"(《荀子·天论》篇)不知老子者,盖致诎以全其信,而大信以示之诎者也。故曰:"大成若缺,其用不弊;大盈若冲,其用不穷。大直若诎,大巧若拙,大辩若讷。"(《老子》第四十五章)此之谓"以有积为不足"也,曾是"有见于诎"而"无见于信"者乎?使"有见于诎"而"无见于信",则是"以不足为不足"也,曾是"以有积为不足"之老子而出此乎?今观关尹、老聃"建之以常无有",斯能"以有积为不足"矣;"主之以太一",斯能"以本为精,以物为粗"矣。夫"建之以常无有"者,老子知"道"之"常""主之以太一"者、老子抱"德"之"一"两语者,足以赅五千言之奥旨矣。按老子曰:"载营魄抱一,能无离乎?"(《老子》第十章)"昔之得一者,天得一以清,地得一以宁,神得一以灵,谷得一以盈,万物得一以生,侯王得一以为天下贞。"(《老子》第三十九章)故曰:"主之以太一"也。然德之不得不主"太一",其故由于道之"常无有"。老子曰:"视之不见名曰夷,听之不闻名曰希,搏之不得名曰微。此三者不可致诘,故混而为一。"(《老子》第十四章)则是非德之主于"太一",不足以明道之"常无有"也。虽然,所谓"建之以常无有"者,非徒建"无"之一谛以明道之"常",乃建"无"与"非无"两义以明道之"常",斯其所以为"玄"也。魏晋之士,好揭"常无"一义,以阐道德,庸足为知老子乎!《老子》书开宗明义之第一言曰:"道可道,非常道。名可名,非常名。"(《老子》第一章)俞樾《诸子平议》谓"常与尚古通。尚者,上也。常道犹之言上道也。"不知"常"者,绝对不变之称。《韩非子·解老》篇谓:"物之一存一亡,乍死乍生,初盛而后衰者,不可谓常。唯夫与天地之剖判也俱生,至天地之消散也不死不衰者谓常。而常者无攸易。"五千言之所反复阐明者,"知常"之第一义谛也。夫"抱一"蕲于"知常","知常"要以"观复",而"观复"必先"守静",故曰:"致虚极,守静笃。万物并作,吾以观复。夫物芸芸,各复归其根。归根曰静,是谓复命。复命曰常,知常曰明。不知常,妄作凶。"(《老子》第十六章)"道常无名。"(《老子》第三十二章)"道常无为,而无不为。"(《老子》第三十七章)"用其光,复归其明,无遗身殃,是谓习常。"(《老子》第五十二章)"知和曰常,知常曰明。"(《老子》第五十五章)一篇之中,三致意于斯者也。

使循"常"、"尚"之通假,而读"常道"为"上道",则"知常"、"习常"、"道常无名"、"道常无为"如此之类,更作何解?然则"道之常"何耶?以"有"为"道之常"耶?则"无名天地之始"(《老子》第一章)。以"无"为"道之常"耶?则"有名万物之母"(《老子》第一章)若以"不可道"者谓是"常道","不可名"者谓是"常名",则滞于"常无",活句翻成死句矣!道德五千言,无一而非活句,老子所谓"正言若反"也(《老子》第七十八章),不知此义,何能读五千言!故曰:"常无欲以观其妙,常有欲以观其徼。此两者同出而异名,同谓之玄。"(《老子》第一章)近儒严复为诂之曰:"玄,悬也,凡物理之所通摄而不滞于物者,皆玄也。"夫建"常无"一义以观道"妙"而明"有"之非真"有",又建"常有"一谛以观道"徼"而明"无"之非真"无",然后通摄有无而无所滞,斯之谓"玄"。"玄"之为言"常无有"也。夫"建之以常无有"者,所以立道之大本;而"以有积为不足"者,所以明道之大用。惟"建之以常无有",故"以空虚不毁万物为实"。惟"以有积为不足",故"以濡弱谦下为表"。"表"之为言袭于外也。"大盈若冲,大直若诎,大巧若拙,大辩若讷",此之谓"以濡弱谦下为表"也。若云"知雄"、"知白"、"知荣",则心之知,固未同于"濡弱谦下"矣!此"濡弱谦下"之所以为"表"也。至"以空虚不毁万物为实"之明其为"建之以常无有"之证果者,盖"空虚",无也,"不毁万物",有也,"以空虚不毁万物为实","建之以常无有"也,实者有真实不虚之意焉。

关尹曰:"在己无居,形物自著。其动若水,其静若镜,其应若响。芴乎若亡,寂乎若清。同焉者和,得焉者失。未尝先人而常随人。"老聃曰:"知其雄,守其雌,为天下溪。知其白,守其辱,为天下谷。"人皆取先,己独取后,曰"受天下之垢"。人皆取实,己独取虚,无藏也故有余。岿然而有余,其行身也徐而不费,无为也而笑巧。人皆求福,己独曲全,曰"苟免于咎"。以深为根,以约为纪,曰"坚则毁矣,锐则挫矣"。常宽容于物,不削于人,可谓至极。关尹老聃乎!古之博大真人哉!

博按:庄子此篇,论列诸家,独许关尹、老聃为博大真人者,特以关尹、老聃悦古道术之有在,而明发"内圣外王之道",有不同于诸家者耳。惟"博大"乃"王"。惟"真人"斯"圣"。关尹曰:"在己无居,形物自著。其动若水,其静若镜,其应若响。芴乎若亡,寂乎若清。"此关尹之所以"内通于圣"。然而"同焉者和,得焉者失,未尝先人而常随人",则又关尹之所以"外而成王"也。然而未若老聃之"可谓至极"也,故于关尹尚略而称老聃独详。盖"知雄"、"知白",此老聃之所以"通于圣"。然而"守雌"、"守辱","为天下溪","为天下谷",则又老聃之所以"外而成王"也。"人皆取先,己独取后,曰'受天下之垢'。""人皆取实,己独取虚,无藏也故有余",此老聃之所以"适为王"。然"巍然而有余,其行身也徐而不费,无为也时笑巧",则又老聃之所以"内而证圣"也。"人皆求福,己独曲全,曰'苟免于咎'。以深为根，以约为纪，曰：'坚则毁矣，锐则挫矣'。"此老聃之所由"证于圣"。然而"常宽容于物，不削于人"，则又老聃之所以"外适为王"也。斯可谓明发"内圣外王之道"而至其极者矣！独荀子之论慎子曰："有见于后，无见于先。"（见《荀子·天论》篇）而此篇之述老子曰："人皆取先，己独取后，曰'受天下之垢'。"语相类而意不同。何者？盖慎到不知道而概尝有闻"有见于后，无见于先"，其所谓道，非老子之道也。老子曰："圣人后其身而身先。"（《老子》第七章）又曰："江海所以能为百谷王者，以其善下之，故能为百谷王。是以欲上民，必以言下之；欲先民，必以身后之。是以圣人处上而民不重，处前而民不害，是以天下乐推而不厌。以其不争，故天下莫能与之争。"（《老子》第六十六章）则是老子之取后者，盖以退为进之法，非真甘心落人后也。故曰："受国之垢，是谓社稷主。受国不祥，是为天下王。"（《老子》第七十八章）老子"正言若反"，而慎子"概尝有闻"而"不知道"，遂致"有见于后，无见于先"，"其所谓道非道，而所言之韪不免于非"，即此可以类推耳！

右论关尹、老聃。

庄周 惠施 公孙龙

芴漠无形，变化无常。死与生与？天地并与？神明往与？芒乎何之？忽乎何适？万物毕罗，莫足以归。古之道术有在于是者。庄周闻其风而悦之。以谬悠之说，荒唐之言，无端崖之辞，时恣纵而不傥，不以觭见之也。以天下为沉浊，不可与庄语，以卮言为曼衍，以重言为真，以寓言为广。独与天地精神往来，而不敖倪于万物，不谴是非以与世俗处。其书虽瑰玮而连犿无伤也，其辞虽参差而諔诡可观。彼其充实，不可以已。上与造物者游，而下与外死生无终始者为友。其于本也，弘大而辟，深闳而肆。其于宗也，可谓稠适而上遂矣。虽然，其应于化而解于物也，其理不竭，其来不蜕。芒乎昧乎，未之尽者。

博按：庄周自明于"古之道术"亦有在，以别出于老子，然其要本归于老子之言。此老子之所以称"博大真人"也。老子曰："视之不见名曰夷，听之不闻名曰希，搏之不得名曰微，此三者不可致诘，故混而为一。其上不皦，其下不昧，绳绳不可名，复归于无物，是谓无状之状，无物之象，是谓惚恍。迎之不见其首，随之不见其后。"（《老子》第十四章）此"芴漠无形"之说也。老子又曰："孔德之容，惟道是从。道之为物，惟恍惟惚。惚兮恍兮，其中有象。恍兮惚兮，其中有物。窈兮冥兮，其中有精。"（《老子》第二十一章）此"变化无常"之说也。其曰"死与生与？天地并与？神明往与？芒乎何之？忽乎何适？"郭象注曰："任化也，无意趣也。""芒乎"者，老子之所谓"恍"；"忽乎"者，老子之所谓"惚"；老子言"恍惚"，庄生谓"芒忽"。"芒忽"二字连用，亦见《至乐》篇，特此言"芒乎"、

"忽乎",而《至乐》篇言"芒芴","忽"、"芴"字异耳。而曰"芒乎何之,忽乎何适"者,《老子》书所谓"孔德之容,惟道是从"(《老子》第二十一章),而"道之尊,德之贵,夫莫之命而常自然"(《老子》第五十一章)者也。老子又曰:"故大制不割。将欲取天下而为之,吾见其不得已。天下神器,不可为也。为者败之,执者失之。故物或行或随,或嘘或吹,或强或羸,或挫或堕。"(《老子》第二十八章、第二十九章)又曰:"大道泛兮,其可左右。万物恃之生焉而不辞,功成不名有。衣养万物而不为主,常无欲,可名于小;万物归焉而不为主,可名为大。以其终不自为大,故能成其大。"(《老子》第三十四章)此"万物毕罗,莫足以归"之说也。一言以蔽之,曰"道法自然",曰"绝圣弃知"而已。"古之道术有在于是者",盖庄周以自明其学之所宗,而非所以自明其学也。余观庄周,所以自明其学者,特详造辞之法与著书之趣,所不同于诸家者也。《史记·老庄申韩列传》称:"庄子著书十余万言,大抵率寓言。"而此篇称"以谬悠之说,荒唐之言,无端崖之辞,时恣纵而不傥,不以觭见之也"。按"觭"者,畸之异文,即奇偶之奇。《说文·可部》云:"奇,不偶也。""以觭见之,"即"知其一而不知其二"之意。上文云:"天下多得一察焉以自好,譬如耳目鼻口,皆有所明,不能相通。"此"以觭见之"之蔽也。庄生自云:"以谬悠之说,荒唐之言,无端章之辞,时恣纵而不傥",如"以觭见之",则"谬悠"矣,"荒唐"矣!"无端崖之辞","纵恣而不傥"矣!老子曰:"正言若反。"(《老子》第七十八章）此"不以觭见之"之说也。博故谓不明"正言若反"之旨者，不足以读老子之书；而不明"不以觭见之"之说者，亦不足以发庄生之意也。惟明乎"不以觭见之"之说，而后"以卮言为曼衍，以重言为真，以寓言为广"，皆所不害。《庄子·寓言》篇曰："寓言十九，重言十七。卮言日出，和以天倪。寓言十九，藉外论之。亲父不为其子媒，亲父誉之，不若非其父者也。非吾罪也，人之罪也。与己同则应，不与己同则反。同于己为是之，异于己为非之。重言十七，所以己言也，是为耆艾。年先矣而无经纬本末以期年耆者，是非先也。人而无以先人，无人道也。人而无人道，是之谓陈人。卮言日出，和以天倪，因以曼衍，所以穷年。"故曰："以卮言为曼衍，以重言为真，以寓言为广。"郭象注："寓言，寄之他人。则十言而九见信。""重言，世之所重，则十言而七见信。""卮言"者，"卮满则倾，空则仰，非持故也，况之于言，因物随变，惟彼之从，故曰日世，日出，谓日新也。日新，则尽其自然之分，自然之分尽则和也。"要之言者毋胶于一己之见，而强天下之我信。但寄当于天下之所信，而纯任乎天倪之和。《齐物论》曰"莫若以明"，此篇称"不以觭见之"，所谓不同，归趣一也。所以然者，"以天下为沉浊，不可与庄语"也。倪"与庄语"，则以天下之沉浊，闻者胥"以觭见之"，而是非之辩纷，异同之见生矣！此庄生所以自明其造辞之法也。至其自明著书之趣，则曰"独与天地精神往来"，"上与造物者游，而下与外死生无终始者为友"。此《逍遥游》之指，"内圣之道"也。

然而"不敖倪于万物,不谴是非以与世俗处",此《齐物论》之指,"外王之道"也。《庄子·德充符》曰:"有人之形,无人之情。有人之形,故群于人。无人之情,故是非不得于身。眇乎小哉,所以属于人也。警乎大哉,独成其天。"自来解者不得其旨。不知此庄生所以自征其明发"内圣外王之道",而见面盎背其象为德充之符。"有人之形,故群于人",此所以"不敖倪于万物,不谴是非以与世俗处"也。"无人之情,故是非不得于身,"此所为"独与天地精神往来","上与造物者游,而下与外死生无终始者为友"也。故曰:"眇乎小哉,所以属于人也。警乎大哉,独成其天。"要而言之,曰"各得其得","自适其适"而已。不执我之得,以谴是非而敖倪人之得,故"群于人";不徇人之得以敚我之得,故"是非不得于身"。使是非得于身,而有人之情焉,则是《骈拇》篇所谓"适人之适而不自适其适,虽盗跖与伯夷,是同为淫僻也",非所以"独成其天"也。其于本也,弘大而辟,深闳而肆;其于宗也,可谓稠适而上遂矣。"本",即"以本为精,以物为粗"之"本"。"宗",即"不离于宗,谓之天人","以天为宗"之"宗"。夫惟"以本为精","以天为宗",而后"独与天地精神往来",内则"圣",外则"王"也。庄周之能明发"内圣外王之道",与关尹、老聃同,然独许关尹、老聃为"博大真人",而自以为"应化解物,理不竭,来不蜕,芒乎昧乎,未之尽者"。夫惟"应化"者,乃能外适为"王","不谴是非以与世俗处"。惟"解物"者,乃能内通于"圣","独与天地精神往来"。曰"芒乎昧乎,未之尽者",

谓未尽"芒乎昧乎"之道。"芒乎"者,老子之所谓"恍"。"昧乎"者,老子之所谓"惚"。老子不云乎?"道之为物,惟恍惟惚。""芒乎昧乎",盖古之道术所称"芴漠无形,变化无常"者也。"芴漠无形",则"昧乎"视之其无见矣。"变化无常",则"芒乎"见之其非真矣。所以未尽"芒乎昧乎"之道者,则以未能"应于化而解于物"也。"其理不竭,其来不蜕"两语,当连上"应于化而解于物"句读。《说文·立部》:"竭,负举也。"《礼记·礼运》五行之动,迭相竭也。"《释文》竭本亦作揭。"《广雅·释诂》揭,举也。""其理不竭",谓其"应于化而解于物",尚未能理足辞举也,故曰:"其理不竭。"而"其来不蜕"之"蜕"字,正承"应于化而解于物"而言,可见庄子用字之妙。《说文·虫部》:"蜕,蛇蝉所解皮。"夏侯湛《东方朔画赞序》云:"蝉蜕龙变,弃俗发仙。""其来不蜕",谓未能解脱一切,过化存神也。换言之曰:"未能如关尹、老聃之'以本为精,以物为粗,以有积为不足,淡然独与神明居'尔。"夫"以本为精",则"应于化"矣。"以物为粗",则"解于物"矣。"应于化而解于物",则尽"芒乎昧乎"之道,而能以"不足"用其"有积","淡然独与神明居"矣!此关尹、老聃之所以为"博大真人",而庄生未有自许也。

右论庄周。

惠施多方,其书五车,其道舛驳,其言也不中,历物之意。

博按：此篇以惠施次庄周之后，明惠施为道者之旁门，犹次宋钘于墨翟之后，明宋钘为墨学之支流。以故宋钘之说教，独可证之于《墨子》书，而惠施之多方，亦可说之以《庄子》书。何者？其道术出于同也。《汉书·艺文志》名家有《惠子》一篇，注云："名施，与庄子并时。"其行事不少概见，独《庄子》书屡称不一称，而其中有可以考见庄、惠二人之交谊，而证《汉志》"与庄子并时"之说者。《逍遥游》两著"惠子谓庄子曰"，以规庄之言大而无用。《秋水》叙庄子与惠子之游濠梁，以辩鱼乐之知不知。而《徐无鬼》则叙庄子送葬，过惠子之墓，顾谓从者曰："郢人垩慢其鼻端，若蝇翼，使匠石斫之。匠石运斤成风，听而斫之。尽垩而鼻不伤，郢人立不失容。宋元君闻之，召匠石曰：'尝试为寡人为之。'匠石曰：'臣则尝能斫之。虽然，臣之质死久矣！'自夫子之死也，吾无以为质矣，吾无与言之矣！"郭象注："非夫不动之质，忘言之对，则虽至言妙斫，而无所用之。"此可以考见庄、惠二人之交谊，而证《汉志》"与庄子并时"之说也。至《德充符》则有规惠施之辞曰："道与之貌，天与之形，无以好恶内伤其身。今子外乎子之神，劳乎子之精，倚树而吟，据槁梧而瞑，天选子之形，子以坚白鸣。"盖彭蒙、田骈、慎到概尝闻道，而"弃知"、"去己"之太甚；而惠施则舛驳乎道，"厤物之意"而不免"用知之累"。《释文》："厤，古历字，本亦作历物之意，分别历说之。"下文所谓"遍为万物说"也。庄生之道，"以本为精"，"以天为宗"，而致一于老子之"守静笃"（《老子》第十六章）。"万物无足以铙心，"

（《庄子·天道》篇），"一而不变，静之至也"（《庄子·刻意》篇）。而惠施"不能以此自宁"，"遍为万物说"，"厤物之意"。然则庄生抱一，惠施逐物，以故惠规庄为"无用"，而庄讥惠之"多方"也。曰"惠施多方，其书五车，其道舛驳，其言也不中"。"不中"者，不中乎"道"，即"舛驳"也。然推惠施"厤物之意"，其大指在明万物之泛爱，本天地之一体，亦与庄生"抱一"之指无殊，要可索解于《庄子》书耳。世儒好引墨子《经·经说》以说惠施之厤物，谓为祖述墨学，强为附会，非其本真也。

曰："至大无外，谓之大一。至小无内，谓之小一。无厚不可积也，其大千里。"

博按：此即"圣有所生，王有所成，皆原于一"之意。《庄子·天地》引《记》曰："通于一而万事毕。""大一"、"小一"，非二"一"也。"小一"者，"大一"之分。"大一"者，"小一"之积。"其大千里"，即"不可积"之"无厚"，绳绳以积千里。《释文》引司马曰："苟其可积，何待千里。"岂非所谓"至大无外"者乎？"无厚不可积也"，岂非所谓"至小无内"者乎？后二语，即承前二语而申其指也。《庄子·知北游》曰："六合为巨，未离其内；秋毫为小，待之成体。"义与惠施相发。夫"六合为巨，未离其内"，岂非所谓"至大无外"者乎？"秋毫为小"，岂非所谓"至小无内"者乎？然而"六合"之"巨"，必待"秋毫"之"小"以成体,犹之"千里"之"大",必绳"不可积"之"无厚"以为积。故曰"有实而无乎处者宇也"(见《庄子·庚桑楚》)。何谓"有实"？曰："有所出而无窍者有实。"(《见庄子·庚桑楚》)此所谓"至小无内"者也。"无内",故"无窍"。然而"无乎处",则又"至大无外"矣。自惠施观之,则见天地之一体。自庄生论之,则知"内圣"、"外王"之"原于一"。惟惠施以形体论,偏于惟物,而庄生以圣王论,证以惟心耳。

天与地卑,山与泽平。

博按：此亦以证"天地一体"之义也。《释文》曰："卑如字,又音婢。李云：'以地比天,则地卑于天。若宇宙之高,则天地皆卑。天地皆卑,则山与泽平矣。'"按"卑"字或当作"比",涉音近而讹也。《荀子·不苟》篇曰："山渊平,天地比,是说之难持者也,而惠施、邓析能之。"杨倞注引此篇《释文》,而重伸其指曰："比,谓齐等也。或曰。'天无实形,地之上空虚者皆天也,是天地长亲比相随,无天高地下之殊也。在高山,则天亦高；在深泉,则天亦下；故曰天地比。地去天远近皆相似,是山泽平也。'"其说亦通。

日方中方睨,物方生方死。

博按：此所以明道之"周行而不殆"，而"有"、"无"、"死"、"生"之为"一守"也。两语重后一语，"日方中方睨"，不过借以显"物方生方死"之亦有然。《庄子》书之所哼哼，一篇之中，三致意于斯者也。《庄子·齐物》论曰："方生方死，方死方生。"何以知"物方生方死"可以"日方中方睨"显之？《庄子·田子方》曰："日出东方而入于西极。万物莫不比方，有目有趾者待是而后成功。是出则存，是入则亡。万物亦然。有待也而死，有待也而生，吾一受其成形而不化以待尽。效物而动，日夜无隙而不知其所终，薰然其成形知命不能规乎其前，丘以是日徂。"又曰："消息盈虚，一晦一明，日改月化，日有所为而莫见其功。生有所乎萌，死有所乎归，始终相反乎无端而莫知其所穷。"此"日方中方睨，物方生方死"之说也。《庄子·至乐》曰："庄子妻死，惠子吊之。庄子则方箕踞鼓盆而歌。惠子曰：'与人居长子老，身死不哭亦足矣，又鼓盆而歌，不亦甚乎！'庄子曰：'不然。是其始死也，我独何能无概然！察其始而本无生。非徒无生也，而本无形。非徒无形也，而本无气。杂乎芒芴之间，变而有气。气变而有形，形变而有生。今又变而之死，是与为春秋冬夏四时行也。人且偃然寝于巨室，而我噭噭然随而哭之，自以为不通乎命，故止也。'"此则庄周深明物之"方生方死，方死方生"，而忘情于哀乐，遣意于得丧者也。故曰："有长而无本剽者宙也。有乎生，有乎死，有乎出，有乎入，入出而无见其形，是谓天门。天门者，无有也。万物出乎无有。有不能以有为有，必出乎无有；而无有一无有，圣人藏乎是。古之人其知有所至矣。恶乎至？有以为未始有物者，至矣尽矣，弗可以加矣。其次以为有物矣，将以生为丧也，以死为反也，是以分已。其次曰始无有，既而有生，生俄而死，以无有为首，以生为体，以死为尻。孰知有无死生之一守者，吾与之为友。是三者虽异，公族也。"（《庄子·庚桑楚》）故曰"方生方死，方死方生"也。

大同而与小同异，此之谓小同异。万物毕同毕异，此之谓大同异。

博按：此道家同异之论，庄周所以明"齐物"者也。当以《庄子》书明之：《庄子》书之论齐物者，自《齐物论》而外，莫如《知北游》之言辩而确。其辞曰："物物者与物无际，而物有际者，所谓物际者也。不际之际，际之不际者也。"夫"与物无际"，斯"大同"矣；"而物有际"，则"小同"矣。"物物者与物无际而物有际"，则是"大同而与小同异，此之谓小同异"矣，则是同不可以终同也。故莫如"不际之际，际之不际"。"不际之际"，可以赅万物之毕同矣。"际之不际"，可以知万物之毕异矣。故《德充符》引仲尼曰："自其异者视之，肝胆楚越也。自其同者视之，万物皆一也。"故曰："万物毕同毕异，此之谓大同异。"

南方无穷而有穷。

博按：此亦"不际之际，际之不际"之意。"有穷"者，所见者小，"际之不际"也。"无穷"者，大宇之广，"不际之际"也。《庄子·则阳》载魏莹与田侯牟约。田侯牟背之。魏莹怒，将使人刺之。惠子闻之而见戴晋人。戴晋人曰："有所谓蜗者，君知之乎？"曰："然。""有国于蜗之左角者曰触氏，有国于蜗之右角者曰蛮氏，时相与争地而战，伏尸数万，逐北旬有五日而后反。"君曰："噫！其虚言欤？"曰："臣请为君实之：君以意在四方上下有穷乎？"君曰："无穷。"曰："知游心于无穷，而反在通达之国，若存若亡乎？"君曰："然。"曰："通达之中有魏，于魏中有梁，于梁中有王，王与蛮氏有辩乎？"君曰："无辩。"客出而君惝然若有亡也。郭象注："王与蛮氏，俱有限之物耳。有限，则不问大小，俱不得与无穷者计也。虽复天地，共在无穷之中，皆蔑如也。况魏中之梁，梁中之王而足争哉？"然而争，则是所见之有穷也。"南方无穷而有穷"，亦寻常咫尺之见耳。独言南方，举一隅，可以三隅反矣。

今日适越而昔来。

博按：此语亦见《庄子》。《庄子·齐物论》曰："未成乎心而有是非，是今日适越而昔至也。"《释文》：昔至，崔云："昔，夕也。"

向云："昔者，昨日之谓也。"今日适越，昨日何由至哉？思适越时，心已先到，犹之是非先成乎心也。南方之广漠，本无穷也，而曰"有穷"者，限于知也。旅人之适越，在今日也，而云"昔来"者，心先驰也。一以证心量之狭，不足以尽大宇之广。一以见行程之迟，不足以称心驰之速。两者之为事不同，然要以"厤物之意"，以见意之悬殊于物，而"知"之不可恃则一耳。

连环可解也。我知天下之中央，燕之北，越之南是也。

博按：此亦可以明惠施为庄学之别出。庄周每好以连环喻道。惟道圜转若环，故随所皆中，不论"燕之北，越之南"。下三语，即申第一语"连环可解"之指。我何以知"天下之中央""燕之北，越之南是也"？则以解"连环"也。夫"连环"无端，所行为始。天下无方，所在为中。《庄子·齐物论》曰："彼是莫得其偶，谓之道枢。枢始得其环中，以应无穷。"《则阳》曰："冉相氏得其环中以随成，与物无终无始，无几无时。"《寓言》曰："万物皆种，以不同形相禅。始卒若环，莫得其伦，是谓天均。天均者，天倪也。"明乎"天倪"，则"连环"可解矣！

泛爱万物，天地一体也。

博按：此为道家者言之究竟义，故惠施多方，"厤物之意"，亦以此为结穴也。老子曰："视之不见名曰夷，听之不闻名曰希，搏之不得名曰微，此三者不可致诘，故混而为一。"（《老子》第十四章）又曰："道生一，一生二，二生三，三生万物。"（《老子》第四十二章）此老子之言"泛爱万物，天地一体"也。《庄子·齐物论》曰："天地与我并生，而万物与我为一。"又《秋水》曰："以道观之，何贵何贱？是谓反衍。无拘而志，与道大蹇。何少何多？是谓谢施。无一而行，与道参差。严乎若国之有君，其无私德。繇繇乎若祭之有社，其无私福。泛泛乎其若四方之无穷，其无所畛域。兼怀万物，其孰承翼。是谓无方。万物一齐，孰短孰长。"又《田子方》曰："天下也者，万物之所一也。得其所一而同焉，则四支百体，将为尘垢，而死生终始，将为昼夜，而莫之能滑，而况得丧祸福之所介乎？"此庄子之言"泛爱万物，天地一体"也。苟明天地之一体，致泛爱于万物，则众生放乎逍遥，物论任其大齐矣！

惠施以此为大观于天下而晓辩者。天下之辩者相与乐之。

博按：此即《庄子·德充符》庄子谓惠子曰"子以坚白鸣"者也。"以此为大观于天下而晓辩者"，即"以坚白鸣"之意。"天下之辩者"，即指下文所称"桓团、公孙龙辩者之徒"。"相与乐之"，即乐惠施之所晓。而惠施为道者之旁门，故"桓团、公孙龙辩者之徒"，其言亦多宗惠施而出入于道家者言。

卵有毛。

博按：此即惠施大同异之所谓"万物毕同"。《说文·羽部》："羽，鸟长毛也。"《毛部》："毛，眉发之属及兽毛也。"鸟之卵生，不同于兽之胎生，而有毛则一。然鸟之毛曰羽，不正名曰羽而曰毛者，《释名》："毛，貌也，冒也，在表，所以别形貌，自覆冒也。"羽之形不同于毛，而所被在表，其用在别形貌，自覆冒，则无所不同于毛，故不恤以胎生之"毛"，系之卵生之"有"，而证万物之毕同。《庄子·德充符》曰："自其同者视之，万物皆一也。"此其适例矣。

鸡三足。

《释文》引司马云："鸡两足，所以行，而非动也。故行由足发，动由神御。今鸡虽两足，须神而行，故曰三足也。"今按如司马之说，鸡以两足，兼有一神，故云三，此其说本庄子也，可以《庄子》书明之。一《养生主》曰："臣以神遇而不以目视，官知止而神欲行。"今鸡虽两足，则是知止之官也，而发动则在欲行之神，故又增一而为三也。二《外物》曰："目彻为明，耳彻为聪，鼻彻为颤，口彻为甘，心彻为知，知彻为德。凡道不欲壅，壅则哽，哽而不止则跈，跈则众害生。物之有知者恃息,其不殷非天之罪。天之穿之,日夜无降,人则顾塞其窦。胞有重阆,心有天游。室无空虚,则妇姑勃溪。心无天游,则六凿相攘。大林丘山之善于人也,亦神者不胜。"郭象注:"自然之理,有寄物而通也。""神欲行",则"心有天游"矣。夫"心无天游,则六凿相攘"。"目"、"耳"、"鼻"、"口"四者,知止之官。"官知止",则是"欲壅"也。"欲壅",则非"道"也。至目彻所见之物而为明,耳彻所听之物而为聪,鼻彻所嗅之物而为颤,口彻所尝之物而为甘,此所谓"以神遇"而不以官接也。析而言之,曰"目彻为明,耳彻为聪,鼻彻为颤,口彻为甘"。合而言之,曰"心彻为知"。"知彻",则得我之为德,而"心有天游",神驭以行矣。故曰"鸡虽两足,须神而行"。由"鸡三足"之说推之,则臧可以三耳。胡三省《通鉴注》:"一说:'耳主听,两耳,形也,兼听而言,可得为三。'"两耳者,知止之官;听者,欲行之神。而知止之官,必藉欲行之神以御,故又增一而为三耳也。推之"目彻为明"、"鼻彻为颤"、"口彻为甘",莫不皆然。然"神"也者,庄子以之为养生主,而辨者之言所"见离"也。《公孙龙子·坚白论》曰:"火与目不见而神见。神不见而见离。"解之者曰:"人谓目能见物,而目以因火见,是目不能见,由火乃得见也。然火非见白之物,则目与火俱不见矣。然则见者谁乎?精神见矣。夫精神之见物也,必因火以见,乃得见矣。火目犹且不能为见,安能与神而见乎?则神亦不能见矣。推寻见者,竟不得其实,则不知见者谁也。"则是辩者之不以神为养生主也。若然则鸡三足何解？《公孙龙子·通变论》曰："谓鸡足一，数足二，二而一故三。"此辩者之解"鸡三足"也。夫鸡足数之则二，而二足同成一象曰鸡足，故一为形象，一为数象，形象则一，数象乃二，二与一为三，故曰"鸡三足"。此辩者之所以异庄生，庄生认鸡足之二，增一神为三，而辩者则以"神不见而见离"，故谓"鸡足一，数足二，二而一故三"也。

郢有天下。

博按：此即惠施"大一"、"小一"之指。"大一"、"小一"，非为二"一"。"郢"与"天下"，非有二量。而其意亦宗庄子也。《庄子·齐物论》曰："天下莫大于秋毫之末，而太山为小。"郭象注："以形相对，则太山大于秋毫也。若各据其性分，物冥其极，则形大未为有余，形小不为不足。苟各足于其性，则秋毫不独小其小，而太山不独大其大矣。若以性足为大，则天下之足，未有过于秋毫也。若性足者非大，则虽太山，亦可称小矣。故曰：'天下莫大于秋毫之末，而太山为小。'"苟知形大之未为有余也，知形小之不为不足也，斯知"郢有天下"之说矣。又《秋水》曰："细大之不可为倪。"又曰："以差观之，因其所大而大之，则万物莫不大；因其所小而小之，则万物莫不小。知天地之为稊米也，知毫末之为丘山也，则差数睹矣。"苟睹于"差数"，而"知天地之为稊米也。知毫末之为丘山也"，斯知"郢有天下"之说矣。辩者言"郢有天下"者，犹宋儒云"一物一太极"也。

犬可以为羊。

博按：此即老子"名可名，非常名"之指（《老子》第一章）。《释文》引司马云："名以名物，而非物也。犬羊之名，非犬羊也。非羊可以名为羊，则犬可以为羊。郑人谓玉未埋者曰璞，周人谓鼠腊者亦曰璞，故形在于物，名在于人。"

马有卵。

博按：此与"卵有毛"同指。马为胎生，然胎生之物，不过不以卵出生耳，而未形胎之先必有待于卵，则与卵生无殊也。此亦"万物毕同"之一例。

丁子有尾。

博按：此亦与"卵有毛"、"马有卵"同指。成玄英云："楚人呼虾蟆为丁子。"虾蟆无尾有足，殊于龟也。然虾蟆初生，无足有尾，则与鱼同。庄子云"万物皆种，以不同形相禅"是也（《庄子·寓言》）。

然极其形变，万有不同，而溯其初生，罔不相似，如"丁子有尾"之于鱼，此亦"万物毕同"之一例矣。

火不热。

博按：此可以"知"之不为"知"也，其意亦本庄子。《庄子·齐物论》载啮缺问乎王倪曰："子知物之所同是乎？"曰："吾恶乎知之？""子知子之所不知耶？"曰："吾恶乎知之？""然则物无知耶？"曰："吾恶乎知之？虽然，尝试言之：庸讵知吾所谓知之非不知耶？庸讵知吾所谓不知之非知耶？"试以火为喻：火之热，物之所同是，而人之所咸知也，然而王倪曰："至人神矣，大泽焚而不能热。"（《庄子·齐物论》）则是"火不热"也。《释文》一云："犹金木加于人有楚痛，楚痛发于人，而金木非楚痛也。如处火之鸟，火生之虫，则火不热也。"然则"火"非天下之"热"，而云"热"者，特人之知为"熟"耳。"热"发于人，而"火不热"也。"火"之为"热"，人所共知尚如此，而况"仁义之端，是非之涂，樊然淆乱"，恶能知其辩乎？（《庄子·齐物论》）此"用知"之所以为"累"，而"知"之不可不"弃"也。

山出口。

博按："山"者，地体之高突。"口"者，人体之虚凹。人徒见山体之高突，而不知其藏用于虚，故特以"出口"表之，此其意亦本老、庄也。老子曰："三十辐共一毂，当其无，有车之用。埏埴以为器，当其无，有器之用。凿户牖以为室，当其无，有室之用。故有之以为利，无之以为用。"（《老子》第十一章）"山"者，"有之以为利"也。"山出口"者，"无之以为用"也。山何以能出口？曰："说在《庄子》之《齐物论》也。""大块噫气，其名为风。是惟无作，作则万窍怒号。而独不闻之翏翏乎？山林之畏佳，大木百围之窍穴，似鼻，似口，似耳，似枅，似圈，似臼，似洼者，似污者，激者，謞者，叱者，吸者，叫者，譹者，宎者，咬者，前者唱于，而随者唱喁。泠风则小和，飘风则大和。厉风济，则众窍为虚。"此之云"山出口"者，即庄生所谓"山林之畏佳，大木百围之窍穴，似鼻似口"者也。使"山"不"出口"，则大块之气不噫，而地天不交，气机不化矣！

轮不辗地。

博按：此以明至理所寄，在与物化而不遗迹。凡事有然。轮转不停，乃见圆神，辗地则何以见圆转？故曰："轮不辗地。"则是与地化而不遗迹也。《庄子·达生》曰："工倕旋而盖规矩，指与物化而不以心稽，故其灵台一而不桎。忘足，屦之适也。忘要，带之适也。知忘是非，心之适也。不内变，不外从，事会之适也。始乎适而未尝不适者，忘适之适也。"今曰"轮不辗地"，则是"忘地轮之适也"。

目不见。

博按：目有见而曰"不见"者，其说亦本庄子。一曰："目知之自有穷也。"《庄子·天运》曰："目知穷乎所欲见，力屈乎所欲逐，吾既不及已夫！"一曰："物不尽于目见也。"《庄子·秋水》曰："至精无形，至大不可围。自细视大者不尽，自大视细者不明。夫精小之微也；垺，大之殷也。故异便，此势之有也。夫精粗者，期于有形者也。无形者，数之所不能分也。不可围者，数之所不能穷也。"然则目之见者仅矣，故曰"目不见"。此亦以明"知"之不为"知"也。天下之所谓"知"者，不过物之表象，接于人之官觉而已。"火热"，物之表象也。"目见"，人之官觉也。然人以火为热，而"火不热"，则是物之本体不可知也。人以目为见，而"目不见"，则是官觉之无与于知也。然则"吾恶乎知之"哉！

指不至，至不绝。

《释文》引司马云："夫指之取物，不能自至，要假物故至也。然假物由指，不绝也。"今按司马之说，未当原意。然据其注语，知

《庄子》原文本作"指不至,指不绝"。此其意亦本老、庄也。按《公孙龙子·指物论》曰:"物莫非指,而指非指。"注:"物我殊能,莫非相指。"故曰"物莫非指"。"相指者,相是非也。彼此相推,是非混一,归于无指",故曰"而指非指"。"指非指",则"指不至"矣。然而"物莫非指"如故,则"指不绝"矣。此顺说,而公孙龙书说倒也。故曰"天下无指,物无可以谓物",此"物"之所以"莫非指"而"指"之所以"不绝"也。虽然,"非指者,天下无物,可谓指乎?指也者,天下之所无也;物无者,天下之所有也。以天下之所有,为天下之所无,未可。天下无指,而物不可谓指也。不可谓指者,非指也。非指者,物莫非指也。天下无指而物不可谓指者,非有非指也。非有非指者,物莫非指也。物莫非指者,而指非指也"。此"指"之所以"不至"。然则"指不至"者,理之信;"指不绝"者,物之情。"物莫非指",此"有名"所以为"万物母"。"指有不至",此"可名"所以为"非常名"。《老子》书可证也。(《老子》第一章)。《庄子·齐物论》曰:"以指喻指之非指,不若以非指喻指之非指也。"郭象注:"自是而非彼,彼我之常情也。故以我指喻彼指,则彼指于我指独为非指也。此以指喻指之非指也。若覆以彼指还喻我指,则我指于彼指复为非指矣。此以非指喻指之非指也。将明无是无非,莫若反复相喻。反复相喻,则彼之与我,既同于自是,又均于相非。均于相非,则天下无是。同于自是,则天下无非。何以明其然?是若果是,则天下不得复有非之者也。非若果非,亦不得复有是之者也。今是非无主，纷然淆乱，明此区区者，各信其偏见而同于一致耳。仰观俯察，莫不皆然。"此可以明"指不至，指不绝"之故矣。明乎"指之不至"，斯知"指"、"物"之有违，而绝累于"用知"矣。明乎"指之不绝"，斯知"彼"、"是"之方生，而相休以"天钧"矣。（《齐物论》曰：物无非彼，物无非是。自彼则不见，自知则知之。故曰："彼出于是，是亦因彼，彼是方生之说也。"又曰："圣人和之以是非而休乎天钧，此之谓两行。"）

龟长于蛇。

博按：此亦袭《庄子》。俞樾《诸子平议》曰："此即'莫大于秋毫之末，而太山为小'之意（《庄子·齐物论》）。司马云：'蛇形虽长而命不久，龟形虽短而命甚长。'则不以形言而以寿言，真为龟长蛇短矣。殊非其旨。"

矩不方，规不可以为圆。

博按：此即惠施"大同异"之所谓"万物毕异"。胡适《中国哲学史大纲》曰："从个体自相上着想，一规不能画同样之两圆，一矩不能画同样之两方，一模不能铸同样之两钱也。"此说得之。

凿不围枘。

博按：成玄英云："凿，孔也。枘者，内孔中之木。"一凿围一枘，则是可围之枘一，而不围之枘百。不围者其常，而围者其暂也，故曰"凿不围枘"。此亦"万物毕异"之一例矣。

飞鸟之景未尝动也。

博按：此以物理证"守静"。动莫疾于飞鸟，而曰"飞鸟之景未尝动"者，说在老子之观复，曰："万物并作，吾以观复。夫物芸芸，各复归其根。归根曰静，是谓复命。"（《老子》第十六章）观动之复于静，而后知"静"之"为躁君"也（《老子》第二十六章）。人徒见飞鸟之动，而不知飞鸟之影未尝动。以其未尝观动之复于静，而不知鸟动之"守静"也。《墨子·经下》云："景不徙，说在改为。"《经说下》云："景光至景亡，若在，尽古息。"胡适《中国哲学史大纲》云："息，止息也。如看活动写真，虽见人物生动，其实都是片片不动之影片也。影已改为，前影仍在原处，故曰：'尽古息。'"墨子言"尽古息"，犹此之云"未尝动"也。飞鸟之动尚如此，即此可以证物理之不终动，而归根于"守静"矣。

镞矢之疾，而有不行不止之时。

《释文》引司马云："形分止，势分行。形分明者行迟，势分明者行疾。"谓矢不止，人尽知之。谓矢不行者，良以矢之所经，即矢之所止，以势而言则行，以形而言则止。设形与势均等者，则是"行"与"止"相抵，而"有不行不止之时"。此亦以物理证"守静"也。

狗非犬。

博按：此亦惠施"大同异"之所谓"万物毕异"。《礼记·曲礼》："毋投与狗骨。"疏："狗，犬也。"然"效犬者左献之"。疏："通而言之，狗犬通名。若分而言之，则大者为犬，小者为狗。"《尔雅》云"犬未成毫，狗"是也。故曰："狗非犬。"《庄子·德充符》曰："自其异者视之，则肝胆楚越也。"况狗之与犬乎！

黄马骊牛三。

博按：此亦本《庄子》。《释文》引司马云："牛马以二为三。曰牛，曰马，曰牛马，形之三也。曰黄，曰骊，曰黄骊，色之三也。曰黄马，曰骊牛，曰黄马骊牛，形与色为三也。故曰'一与言为二，二与一为三'也。"语出《庄子·齐物论》。

白狗黑。

博按：此亦明"名可名，非常名"，与"犬可以为羊"同指。"犬可以为羊"，则黑何不可以名白？故曰"白狗黑"也。

孤驹未尝有母。

博按：此亦以明"名可名，非常名"。《释文》引李云："驹生有母，言孤则无母，孤称立则母名去也。"则是"驹"系马子之称，"孤"则无母之名，而"孤驹"连称而为名，则是"可名"之"名"，"非常名"也，故以"未尝有母"正之。

一尺之棰，日取其半，万世不竭。

《释文》引司马云："若其可析，则常有两。若其不可析，其一常存。故曰'万世不竭。'"博按：此即"小一"之义也。

辩者以此与惠施相应，终身无穷。

博按："此"即指"卵有毛"以下二十事而言，辩者之所以与惠施相应。曰"应"者，非与惠施殊指也。特惠施历物之意，而未及遍于历物，以待辩者之举类知通，而辩者则历证于物以应乎惠施之言，而不再详明其意。如惠施明"小一"、"大一"之意，而辩者则应之曰"郢有天下"以为证。惠施明"毕同毕异"之意，而辩者则应之曰"卵有毛"、"马有卵"、"丁子有尾"，以历证万物之"毕同"。又应之曰"矩不方规不可以为圆"、"凿不围枘"、"狗非犬"，以历证万物之"毕异"也。大抵惠施发其意，而辩者历于物，夫是之谓"应"也。今观辩者之所与惠施相应，而惠施之所大观于天下以晓辩者，最括宏旨，可得六义：一曰"抱一"，二曰"齐物"，三曰"无名"，四曰"去知"，五曰"存神"，六曰"守静"。试条析而明其旨：

一曰"抱一"。凡得六事：

1. 泛爱万物，天地一体也。此为历物之究竟义。

2. 至大无外，谓之大一。至小无内，谓之小一。无厚不可积也，其大千里。此以明"大一"、"小一"之非二"一"。

3. 郢有天下。此辩者举以证"大一"、"小一"之例。

4. 一尺之棰，日取其半，万世不竭。此辩者举以证"小一"之有不可析。

5. 连环可解也。我知天下之中央，燕之北，越之南是也。此以明宇宙之"大一"，亦整一而不可析，所谓可析者，亦如连环之以不解解，所谓"不际之际"也。

6. 日方中方睨，物方生方死。此以明"有无死生之为一守"，而时间之相续，亦整一而不可析也。

二曰"齐物"。凡得八事：

1. 大同而与小同异，此之谓小同异。万物毕同毕异，此之谓大同异。此所以籀齐物之大例。

2. 天与地卑，山与泽平。此以证"万物毕同"之例。

3. 卵有毛。

4. 马有卵。

5. 丁子有尾。以上三事，辩者以证"万物毕同"之例。

6. 矩不方，规不可以为圆。

7. 凿不围枘。

8. 狗非犬。以上三事，辩者以证"万物毕异"之例。

三曰"无名"。凡得四事：

1. 指不至，至不绝。博按：辩者多具体的历物以应惠施之言，独此"指不至至不绝"一事，"历物之意"以补惠施所未逮，而籀"可名非常名"之大例耳。

2. 犬可以为羊。

3. 白狗黑。

4. 孤驹未尝有母。以上三事，辩者以证"可名非常名"之例。

四曰"去知"。凡得四事：

1. 南方无穷而有穷。此以明大宇无穷而所知有穷，心知之狭，不足以尽大宇之广也。

2. 今日适越而昔来。此以明行程有限而所思无阻，行程之迟，不足以称心驰之速也。

3. 火不热。此辩者以证物之本体不可知。

4. 目不见。此辩者以证官觉之知不为知。

五曰"存神"。知识有限，神行无方。夫惟绝知，乃贵存神。凡得两事：

1. 鸡三足。此辩者以生理证神行。

2. 轮不辗地。此辩者以物理证神行。

六曰"致虚"。凡得一事：

山出口。此辩者以证致虚之大用。

七曰"守静"。凡得两事：

1. 飞鸟之影，未尝动也。

2. 镞矢之疾而有不行不止之时。以上两事，辩者以物理证守静。

惟"抱一"，故能"齐物"；惟"齐物"，斯明"无名"；惟"无名"，斯欲"去知"；惟"去知"，斯贵"存神"；惟"存神"，斯"致虚守静"。六者一以贯之，彻始彻终。大抵"抱一"而"齐物"，"无名"而"玄同"，斯"外王"之道；"去知"而"存神"，"致虚"而"守静"，斯"内圣"之道。诚为道者之所贵，而亦辩者之欲晓也。惟道者体道以得德，内证以神明，而惠施历物以遍说，外证之物理。夫惟道者"抱一""守静"，乃能知化而穷神。惠施"外神""劳精"（《庄子·德充符》），不免"用知"之自累。此惠施之所以不如"道者"也。然惠施"历物之意"而不具体，犹为秉要执本。至辩者则具体证物而不详其意，益近诡辩饰说。此义每况愈下，辩者之所为不如惠施者也。所贵好学深思，心知其意耳。

桓团、公孙龙辩者之徒，饰人之心，易人之意，能胜人之口，不能服人之心，辩者之囿也！

博按：《庄子·天地》篇曰："辩者有言曰'离坚白若悬寓'"所称"辩者"，即此之所谓"桓团、公孙龙辩者之徒"是也。桓团言行不概见，而公孙龙则甚著。《史记·平原君虞卿列传》曰："公孙龙善为坚白之辩。及邹衍过赵，言至道，乃绌公孙龙。"《集解》引刘向《别录》曰："齐使邹衍过赵，平原君见公孙龙及其徒綦毋子之属，论白马非马之辩，以问邹子。邹子曰：'不可。彼天下之辩有五胜三至，而辞正为下。辩者别殊类使不相害，序异端使不相乱，抒意通指，明其所谓，使人与知焉，不务相迷也。故胜者不失其所守，不胜者得其所求，若是故辩可为也。及至烦文以相假，饰辞以相惇，巧譬以相移，引人声使不得及其意，如此害大道。夫缴纷争言而竞后息，不能无害君子'。坐皆称善。"此邹衍之斥公孙龙"烦文以相假，饰辞以相惇，巧譬以相移，引人声使不得及其意，如此害大道"者，即此篇所云"饰人之心，易人之意，能胜人之口，不能服人之心，辩者之囿"也。"囿"，有囿于所辩，无当大道之意焉。《吕氏春秋·审应览》曰："孔穿、公孙龙相与论于平原君所，至于藏三牙。公孙龙言藏之三牙甚辩。孔穿不应，少选，辞而出。明日，孔穿朝，平原君谓孔穿曰：'昔者公孙龙之言辩。'孔穿曰：'然，几能令藏三牙矣！虽然难，愿得有问于君。谓藏三牙，甚难而实非也；谓藏两牙，甚易而实是也。不知君将从易而是者乎？将从难而非者乎？'平原君不应。明日谓公孙龙曰：'公无与孔穿辩。'"此亦公孙龙"饰心""易意"，"能胜人口不能服人心"之一事也。《汉书·艺文志》名家有《公孙龙子》十四篇，至宋时已亡八篇，今仅存《迹府》、《白马》、《指物》、《通变》、《坚白》、《名实》，凡六篇。大指欲综核名实，而恢诡其说，务为博辩，要之不离庄生所谓"饰心"、"易意"，"能胜人口不能服人心"者近是。其《迹府》篇载与孔穿辩论，同《吕氏春秋》，而《孔丛子》亦载之。惟《孔丛》兼采《公孙龙子》、《吕氏春秋》两书。《吕氏春秋》谓"公孙龙言藏之三牙"，而《公孙龙子》书则言"白马非马"耳。《孔丛》伪本出于汉晋之间，《汉书·艺文志》所未著录。然其谓龙为穿所绌，与《吕氏春秋》同，独以"藏三牙"为"臧三耳"。司马光采《孔丛》臧三耳及《别录》邹衍绌公孙龙说入《资治通鉴》，而臧三耳藉藉人口，独不采公孙龙子困于庄子事。《庄子·天运》篇曰："公孙龙问于魏牟曰：'龙少学先王之道，长而明仁义之行，合同异，离坚白，然不然，可不可，困百家之知，穷众口之辩，吾自以为至达已。今吾闻庄子之言，汒焉异之。不知论之不及欤？知之弗若欤？今吾无所开吾喙，敢问其方？'公子牟隐机太息，仰天而笑曰：'子独不闻夫坎井之蛙乎？谓东海之鳖曰：吾乐与！吾跳梁乎井干之上，入休乎缺甃之崖，赴水则接腋持颐，蹶泥则没足灭跗，还虷蟹与科斗，莫吾能若也！且夫擅一壑之水而跨跱坎井之乐，斯亦至矣。夫子奚不时来入观乎？东海之鳖左足未入，而右膝已絷矣。于是逡巡而却，告之海曰：夫千里之远，不足以举其大；千仞之高，不足以极其深。禹之时十年九潦而水弗为加益，汤之时八年七旱而崖不为加损。夫不为顷久推移，不以多少进退者，此亦东海之至乐也。于是坎井之蛙闻之，适适然惊，规规然自失也。且夫知不知是非之竟，而犹欲观于庄子之言，是犹使蚊负山，商蚷驰河也，必不胜任矣。且夫知不知论极妙之言，而自适一时之利者，是非埳井之蛙欤？且彼方跐黄泉而登大皇，无南无北，奭然四解，沦于不测，无东无西，始于玄冥，反于大通。子乃规规然而求之以察，索之以辩，是直用管窥天，用锥指地也，不亦小乎？子往矣。且子独不闻夫寿陵余子之学行于邯郸欤？未得国能，又失其故行矣，直匍匐而归耳。今子不去，将忘子之故，失子之业！'公孙龙口呿而不合，舌举而不下，乃逸而走。"此魏公子牟言庄子之"始于玄冥，反于大通"，非公孙龙所得"规规而求之以察，索之以辩"也。公孙龙自诩"困百家之知，穷众口之辩"，即此篇所云"饰人之心，易人之意，能胜人之口"也。然而无所开喙于庄子，见太息于公子牟，此其所以为"知不知论极妙之言，而自适一时之利"者也。惟《列子》书晚出东晋，其《仲尼》篇又称：公子牟悦公孙龙，而乐正子舆笑之曰："公孙龙行无师，学无友，佞给而不中，漫衍而无家，好怪而妄言，欲惑人之心，屈人之口，与韩檀等肄之。""韩檀"疑即"桓团"，犹"陈恒"、"田常"一音之转也。《列子释文》称"龙字子秉"，不知何据。若然，则《庄子・徐无鬼》载庄子谓惠子曰："儒、墨、杨、秉四，与夫子而五。"

惠子曰："今夫儒、墨、杨、秉且方与我以辩，相拂以辞，相镇以声，而未始吾非。"则是"秉"即公孙龙也，而公孙龙且方与惠施辩矣。所谓"相拂以辞，相镇以声，而未始吾非"，其诸篇之所谓"辩者以此与惠施应，终身无穷"者耶？

惠施日以其知与人之辩，特与天下之辩者为怪，此其柢也。然惠施之口谈，自以为最贤，曰："天地其壮乎！施存雄而无术。"南方有倚人焉，曰黄缭，问天地所以不坠不陷、风雨雷霆之故。惠施不辞而应，不虑而对，遍为万物说。说而不休，多而无已，犹以为寡，益之以怪。以反人为实，而欲以胜人为名，是以与众不适也。弱于德，强于物，其涂隩矣。由天地之道，观惠施之能，其犹一蚊一虻之劳者也，其于物也何庸。夫充一尚可曰愈，贵道几矣！惠施不能以此自宁，散于万物而不厌，卒以善辩为名。惜乎，惠施之才，骀荡而不得，遂万物而不反，是穷响以声，形与影竞走也。悲夫！

博按："此其柢也"之"此"，指惠施。盖"天下之辩者"，"饰人之心，易人之口"，特以惠施历物之意为柢也。然自庄生观之，则惠施内而不圣，外而不王。何以明其然？观庄生之言曰："惠施日以其知与人之辩。""遍为万物说。说而不休，多而无已，犹以为寡，益之以怪。以反人为实，而欲以胜人为名，是以与众不适也。弱于德，强于物，其涂隩矣。由天地之道，观惠施之能，其犹一蚊一虻之劳者也，其于物也何庸。"则是任知饰辩于外以失为"王"也。"夫充一尚可曰愈，贵道几矣！惠施不能以此自宁，散于万物而不厌，卒以善辩为名。惜乎，惠施之才，骀荡而不得，逐万物而不反，是穷响以声，形与影竞走也。悲夫！"则是劳精疲神于内以不能"圣"也。惟内不"圣"，斯外不"王"。而施之所以不为"王"者，由于"遍为万物说"，而于物何"庸"也。按《庄子·齐物论》曰："庸也者，用也。"今惠施"遍为万物说"，虽"知于辩"，而"无所用"。自庄生论之，则比之于骈拇枝指。其在《骈拇》篇曰："骈于足者，连无用之肉也。枝于手者，树无用之指也。骄于辩者，累瓦结绳，窜句游心于坚白同异之间，而敝跬誉无用之言，非乎？"君子不贵焉！《荀子·修身》篇曰："夫坚白同异有厚无厚之察，非不察也，然而君子不辩，止之也。"又《不苟》篇曰："山渊平，天地比；齐秦袭，入乎耳，出乎口；钩有须；卵有毛，是说之难持者也，而惠施、邓析能之。然而君子不贵者，非礼义之中也。故曰'君子说不贵苟察'，惟其当之为贵。"又《解蔽》篇曰："惠子蔽于辞而不知实。""实"者，"有用于物"之谓，俗所称"实用"者也。今"惠施日以其知与人之辩"，"遍为万物说"，"其于物也何庸"，此之谓"蔽于辞而不知实"矣！夫施之所以"蔽于辞而不知实"、"知于辩而无所庸"者，要由未能"充一"而"贵道"。故庄生砭之曰："充一尚可曰愈，贵道几矣。"此则庄生所持以衡平百家之权度，而"小大精粗，其运无不在"者也。按"充一"，即"主之以太一"之意。而"愈"读如《礼记·三年问》"痛甚者其愈迟"之"愈"。（《释文》：愈，差也。《匡谬正俗》八：愈，胜也。故病差者言愈。）老子曰："少则得，多则惑，是以圣人抱一为天下式。"(《老子》第二十二章)《庄子·人间世》曰:"道不欲杂,杂则多,多则扰,扰则忧,忧而不救。"今惠施"历物之意","遍为万物说,说而不休,多而无已,犹以为寡","弱于德,强于物",此正老子所谓"多则惑",庄子所谓"杂则多"者也。故庄生以"充一"之说进。曰"充一尚可曰愈"者,谓"惟充一尚可愈其杂多之惑"。老子曰:"道生一。"(《老子》第四十二章)《庄子·在宥》曰:"至道之精,窈窈冥冥。至道之极,昏昏默默。无视无听,抱神以静,形将自正。必静必清,无劳女形,无摇女精,乃可以长生。目无所见,耳无所闻,心无所知,女神将守形,形乃长生。慎女内,闭女外,多知为败。我为女遂于大明之上矣,至彼至阳之原也;为女入于窈冥之门矣,至彼至阴之原也。天地有官,阴阳有藏,慎守女身,物将自壮。我守其一,以处其和。"今"惠施多方,其书五车,其道舛驳,其言也不中",岂非所谓"多知为败"者耶?"贵道"则能几"一",而可以愈杂多之惑矣!《释文》以"愈贵"断读者非也。

右论惠施、公孙龙。

附太史公谈《论六家要指》考论

太史公学《天官》于唐都,受《易》于杨何,习道论于黄子。太史公仕于建元元封之间,愍学者之不达其意而师悖,乃论六家之要指。曰:《易大传》:"天下一致而百虑,同归而殊途。"

夫阴阳、儒、墨、名、法、道德，此务为治者也，直所从言之异路，有省不省耳。尝窃观阴阳之术，大祥而众忌讳，使人拘而多所畏，然其序四时之大顺，不可失也。儒者博而寡要，劳而少功，是以其事难尽从，然其序君臣父子之礼，列夫妇长幼之别，不可易也。墨者俭而难遵，是以其事不可遍循，然其强本节用，不可废也。法家严而少恩，然其正君臣上下之分，不可改矣。名家使人俭而善失真（张照《史记考证》曰：董份曰：墨者俭，是矣。若名家言俭，似不可晓。盖此乃检字。检者，束也。下文苛察缴绕即检束之意也。因上有俭字，写者遂误耳。），然其正名实，不可不察也。道家使人精神专一，动合无形，赡足万物。其为术也，因阴阳之大顺，采儒墨之善，撮名法之要，与时迁移，应物变化，立俗施事，无所不宜，指约而易操，事少而功多。儒者则不然，以为"人主天下之仪表也，主倡而臣和，主先而臣随"。如此则主劳而臣逸。至于大道之要，去健羡，绌聪明，释此而任术。夫神大用则竭，形大劳则敝。形神骚动，欲无天地长久，非所闻也。夫阴阳、四时、八位、十二度、二十四节，各有教令，顺之者昌，逆之者不死则亡，未必然也，故曰"使人拘而多畏"。夫春生夏长，秋收冬藏，此天道之大经也，弗顺则无以为天下纲纪，故曰"四时之大顺，不可失也"。夫儒者以六艺为法，六艺经传以千万数，累世不能通其学，当年不能究其礼，故曰"博而寡要，劳而少功"。若夫列君臣父子之礼，序夫妇长幼之别，百家弗能易也。墨者亦尚尧、舜道，言其德行，曰："堂高三尺，土阶三等，茅茨不剪，采椽不刮。食土簋，啜土刑，粝粱之食，藜藿之羹。夏日葛衣，冬日鹿裘。送死，桐棺三寸，举音不尽其哀。教丧礼，必以此为万民之率，使天下法。"若此则尊卑无别也。夫世异时移，事业不必同，故曰"俭而难遵"。要其强本节用，则人给家足之道也。此墨子之所长，虽百家不能废也。法家不别亲疏，不殊贵贱，一断于法，则亲亲尊尊之恩绝矣。可以行一时之计，而不可长用也，故曰"严而少恩"。若尊主卑臣，明分职，不得相逾越，虽百家不能改也。名家苛察缴绕，使人不得反其意，专决于名而失人情，故曰"使人俭而善失真"。若夫控名责实，参伍不失，此不可不察也。道家无为，又曰无不为，其实易行，其辞难知。其术以虚无为本，以因循为用。无成势，无常形，故能究万物之情；不为物先，不为物后，故能为万物主。有法无法，因时为业；有度无度，因物与合。故曰"圣人不朽，时变是守"。虚者，道之常也。因者，君之纲也。群臣并至，使各自明也。其实中其声者谓之端，实不中其声者谓之窾。窾言不听，奸乃不生，贤不肖自分，白黑乃形，在所欲用耳，何事不成。乃合大道，混混冥冥，光耀天下，复反无名。凡人所生者神也，所托者形也。神大用则竭，形大劳则敝，形神离则死。死者不可复生，离者不可复反，故圣人重之。由是观之：神者生之本也，形者生之具也。不先定其神，而曰我有以治天下，何由哉！

博按：太史公谈论阴阳、儒、墨、名、法、道德六家要指，独推重道家，谓"因阴阳之大顺，采儒墨之善，撮名法之要"。兼综五家者，盖习道论于黄子，尊其所学然也。然五家之中，独揭儒与道家并论。何者？盖汉承秦治，载黄老之清静，舒名法之惨礉。观太史公之赞曹相国曰："参为曹相国，清静，极言合道，然百姓离秦之酷后，参与休息无为，故天下俱称其美。"其言可征信也。然太史公之赞申、韩谓："申子卑卑，施之于名实，韩子引绳墨，切事情，明是非，其极惨礉少恩，皆原于道德之意。"名、法原于道德，以之相救，势所不嫌。独儒与道争长，汉兴五六十年，未有定尊。其可考见于《太史公书》者：《曹相国世家》曰："孝惠帝元年，除诸侯相围法，更以参为齐丞相。参之相齐，齐七十城。天下初定，悼惠王富于春秋，参尽召长老诸生，问所以安集百姓，如齐故俗。诸儒以百数，言人人殊，参未知所定。闻胶西有盖公，善治黄老言，使人厚币请之。既见盖公，盖公为言治道贵清净而民自定，推此类具言之。参于是避正堂，舍盖公焉。其治要用黄老术，故相齐九年，齐国安集，大称贤相。惠帝二年，萧何卒。……参代何为汉相国，……载其清净，民以宁一。"《儒林传叙》曰："孝文帝本好刑名之言，及至孝景，不任儒者。而窦太后又好黄老之术。故诸博士具官待问，未有进者。"则是儒绌而道用也。《儒林·辕固生传》称："辕固生者，齐人也，以治《诗》，孝景时为博士。与黄生争论景帝前。黄生曰：'汤、武非受命，乃弑也！'辕固生曰：'不然！夫桀、纣虐乱，天下之心，皆归汤、武。汤、武与天下之心而诛桀、纣。桀、纣之民，不为之使而归汤、武。汤、武不得已而立，非受命为何？'黄生曰：'冠虽敝，必加于首。履虽新，必关于足。何者？上下之分也。今桀、纣虽失道，然君上也。汤、武虽圣，臣下也。夫主有失行，臣不能正言匡过以尊天子，反因过而诛之，代立，践南面，非弑而何也？'辕固生曰：'必若所云，是高帝代秦即天子之位非耶？'于是景帝曰：'食肉不食马肝，不为不知味。言学者无言汤、武，不为愚'。遂罢。是后学者莫敢明受命放杀者。窦太后好《老子》书，召辕固生，问《老子》书。固曰：'此是家人言耳！'太后怒曰：'安得司空城旦书乎！'乃使固入圈刺豕。景帝知太后怒，而固直言无罪，乃假固利兵。下圈刺豕，正中其心，一刺，豕应手而倒。太后默然，无以复罪。"则是儒不为道绌。而黄生，盖司马谈所习道论之黄子也。《魏其武安侯列传》曰："孝景崩，即日太子立。建元元年，丞相绾病免，上议置丞相、太尉……于是乃以魏其侯为丞相，武安侯为太尉。……魏其、武安俱好儒术，推毂赵绾为御史大夫，王臧为郎中令，迎鲁申公，欲设明堂。令列侯就国，除关，以礼为服制，以兴太平。……毁日至窦太后。太后好黄老之言，而魏其、武安、赵绾、王臧等务隆推儒术，贬道家言，于是太后滋不说魏其等。及建元二年，御史大夫赵绾请毋奏事东宫。窦太后大怒，乃罢逐赵绾、王臧等，而免丞相太尉。"《儒林·申公传》略同。则是儒与道争长,而几以相代也。《儒林传叙》又曰:"及窦太后崩,武安侯田蚡为丞相,绌黄老刑名百家之言,延文学儒者数百人。而公孙宏以《春秋》白衣为天子三公,封以平津侯。天下之学士,靡然乡风矣。"自是儒者制治之局定,而道家言乃大绌。其初文景之治,刑名与道并用事,则鼂错学申、商刑名于轵张恢生所,以知术数拜为太子家令(《汉儒·鼂错传》注:张晏曰:术数,刑名之书也。臣瓒曰:术数谓法制,国之术也。)。至是孝武之治,法家傅儒以决事,故张汤以廷尉决大狱,欲傅古义,乃请博士弟子治《尚书》、《春秋》,补廷尉史,亦可以占一代学术得失之林也!独太史公谈仕于建元元封之间,而建元为武帝之初即位,会当儒道争长未定之际,而自以习道论于黄子,故特揭儒与道并论以见得失而明指归。其言曰:道家使人精神专一,动合无形,赡足万物指约而易操,事少而功多。儒者则不然,以为"人主天下之仪表也,主倡而臣和,主先而臣随"。如此则主劳而臣逸。故曰"儒者博而寡要,劳而少功"。此其意盖亦本道论耳。黄生之道论不概见,试明以庄子之道论。《庄子·在宥》曰:"道有天道,有人道。无为而尊者,天道也。有为而累者,人道也。主者,天道也。臣者,人道也。天道之与人道相去远矣,不可不察。"自太史公谈论之,"儒者博而寡要,劳而少功",非庄子所谓"有为而累,臣者人道"者乎?"道家指约而易操,事少而功多",非庄子所谓"无为而尊,主者天道"者乎?太史公以明儒者"博而寡要,劳而少功",不如道之"指约易操，事少功多"，此天道之与人道所为"相去远"，而庄子之所欲"察"者也。《庄子·天道》曰："夫帝王之德，以天地为宗，以道德为主，以无为为常。无为也，则用天下而有余。有为也，则为天下用而不足。故古之人，贵夫无为也。上无为也，下亦无为也，是下与上同德。下与上同德，则不臣。下有为也，上亦有为也，是上与下同道。上与下同道，则不主。上必无为而用天下，下必有为为天下用，此不易之道也。"儒者则不然，以为"人主，天下之仪表也，主倡而臣和，主先而臣随"，如此则主劳而臣逸，是"上与下同道"也。"上与下同道"，庄子诋曰"不主"，而道家之所不许也。太史公又推"道家无为无不为"之旨而衍之曰："其术以虚无为本，以因循为用。无成势，无常形，故能究万物之情。……有法无法，因时为业。有度无度，因物与合。故曰'圣人不朽，时变是守'虚者，道之常也。因者，君之纲也。群臣并至，使各自明也。其实中其声者谓之端，实不中其声者谓之窾。窾言不听，奸乃不生，贤不肖自分，白黑乃形，在欲用耳，何事不成。乃合大道。"此则申不害、韩非刑名法术之学所由本也。申不害之书已亡，惟《群书治要》采其《大体》篇有云："善为主者，倚于愚，立于不盈，设于不敢，藏于无事，窜端匿疏（日本《佚存丛书》评云：疏疑迹。），示天下无为，是以近者亲之，远者怀之。示人有余者，人夺之。示人不足者，人与之。刚者折，危者覆，动者摇，静者安。名自正也，事自定也，是以有道者自名而正之，随事而定之也。"曰"设于不敢，藏于无事"，太史公所谓"以虚无为本"也。曰"自名而正之,随事而定之",太史公所谓"以因循为用"也。匪特申不害之书而已。韩非《主道》曰:"道者,万物之始,是非之纪也,是以明君守始以知万物之源,治纪以知善败之端。故虚静以待命,令名自命也,令事自定也。虚,则知实之情。静,则知动者正。有言者自为名,有事者自为形,形名参同,君乃无事焉,归之其情。……故有知而不以虑,使万物知其处;有行而不以贤,观臣下之所因。……群臣守职,百官有常,因能而使之,是谓习常。故曰:'寂乎其无位而处,漻乎莫得其所。明君无为于上,群臣竦惧乎下。'明君之道,使知者尽其虑,而君因断事,故君不穷于知。贤者敕其材,君因而任之,故君不穷于能。……道在不可见,用在不可知。虚静无事,以暗见疵。见而不见,闻而不闻,知而不知。知其言以往,勿变勿更,以参合阅焉。"其诸太史公所谓道家之术,"以虚无为本,以因循为用"者欤?夫道家明道德之意,而申、韩参刑名之用,然其言相发,其道相因。故史公特发其旨于《老庄申韩传》赞曰:"申子卑卑,施之于名实,韩子引绳墨,切事情,明是非,其极惨礉少恩,皆原于道德之意也。"后世学者不能究明申不害《大体》、韩非《主道》之说,徒执韩非《解老》、《喻老》,以为太史公称刑名之原道德在是矣,不知非书之解老喻老,只解老喻老耳,奚所当于刑名法术之学也。惟申不害《大体》篇、韩非《主道》篇,乃足以证"刑名参同"之本道家言耳。刑名之学,始于邓析,《荀子·非十二子》篇邓析、惠施并称,而《汉书·艺文志》亦以骈隶名家。然惠施名而入于辩，邓析名而丽于法。然不然，可不可，惠施、邓析，同于乱名也。然惠施反以人为怪，邓析舞文以弄法。(《吕氏春秋·审应览》曰："子产治郑，邓析务难之。与民之有狱者约：大狱一衣，小狱襦袴。民之献衣襦袴而学讼者，不可胜数。以非为是，以是为非。是非无度，而可与不可日变。所欲胜因胜，所欲罪因罪。郑国大乱。")而一为辩者，一为法家。惠施同于公孙龙、桓团，邓析毗于申不害、韩非，故不同也。太史公《老庄申韩列传》称"申子之学，本于黄老而主刑名"，又称韩非"喜刑名法术之学"。而邓析之言刑名，更在申、韩之前。由黄老而为申、韩，此其转关，盖刑名之鼻祖也。大抵刑名之学，要在"形名参同"。刑者，形也，著其事状也。名者，命也，命其事物也。(《管子》"七法，名也"注：名者，所以命事也。)今按《邓析子·转辞》篇曰："无形者，有刑之本。无声者，有声之母。循名责实，实之极也。按实定名，名之极也。参以相平，转而相成，故得之形名。"此"形名参同"之说也，原不限于言刑法，而后世刑法图籍之编纂，乃以此为定准。世传唐律、清律，冠以名例。暂行刑律，弁以总则。命事物以定名，名之事也。邓析子所谓"按实定名，名之极也"。《唐律·名例》之后，次以《卫禁》、《职制》、《户婚》、《厩库》、《擅兴》、《贼盗》、《斗讼》、《诈伪》、《杂律》、《捕亡》、《断狱》等篇。清律名例之后，次以吏、户、礼、兵、刑、工诸律。而暂行刑律，总则之后，详以分则。著事状以论刑，形之事也。邓析子所谓"循名责实，实之极也"。而推本言之，则曰"无刑者，有刑之本,无声者,有声之母"。太史公所谓"其术以虚无为本"者也。此刑名所以原于道德也。虽然,有辨刑名,有原于道德者,亦有不原于道德者。裴骃《史记集解》曰:"申子之书,号曰术;商鞅所为书,号曰法,皆曰刑名。"均之刑名也。太史公以申、韩祔老、庄之传,而商君别署者:今按《韩非子·定法》篇曰:"申不害言术,而公孙鞅为法。术者,人主之所执也。法者,臣之所师也。"又《难三》篇曰:"法者,编著之图籍,设之于官府,而布之于百姓者也。术者,藏之于胸中,以偶万端,时潜御群臣者也。故法莫如显,而术不欲见。"此法与术之分也。然道家,术之所自出。而法者,道之所不许。老子曰:"圣人处无为之事。""勇于不敢则活。"申不害则曰:"设于不敢,藏于无事。"庄子曰:"上必无为而用天下,下必有为为天下用。"韩非则曰,明君无为于上,群臣竦惧乎下。"故曰"道家,术之所自出"也。老子曰:"法令滋章,盗贼多有。"又曰:"民不畏死,奈何以死惧之。"太史公且引老子言以叙《酷吏列传》之首。则是"法者,道之所不许"也。夫申不害言术,公孙鞅为法,而韩非则法而兼术,此商君所以别署,而不同申不害韩非之附老、庄传也。顾有同于韩非而不祔老、庄者,慎子是也。《荀子·非十二子》篇谓慎子"尚法而无法"。《汉书·艺文志》以慎子入法家。而太史公《孟子荀卿列传》乃称慎子学黄老道德之术。盖同于韩非,法而兼术者也。以其法家,故"尚法";以其法而兼术,故尚法而无法。何者?法者,一成而不可易,有成势,有常形。术者,因循乃见妙用,无成势，无常形。今读世所传《慎子》书五篇：曰《威德》，曰《德立》，曰《君人》，三篇皆法家言也；曰《因循》，曰《民杂》，则言因循之为用，而黄老道德之术也。《筦子》八十五篇，《汉书·艺文志》入道家，不入法家。今按太史公《管晏列传》称管仲任政相齐，"俗之所欲，因而予之；俗之所否，因而去之。其为政也，善因祸而为福，转败而为功"，傥亦黄老道德之术，所谓"以因循为用"者乎？独是黄老言道德，不言长生。老子曰："谷神不死。"《列子》引《黄帝书》同。"谷"之为喻虚也神"之为言伸也，言神运于虚，体常不变，而不如形骸之有生灭，然非长生之说也。至太史公则敷畅其义曰："大道之要，去健羡，绌聪明，释此而任术。夫神大用则竭，形大劳则敝。形神骚动，欲与天地长久，非所闻也。……凡人所生者神也，所托者形也。神大用则竭，形大劳则敝，形神离则死。死者不可复生，离者不可复反，故圣人重之。由是观之：神者生于本也。形者，生之具也。不先定其神，而曰我有以治天下，何由哉。"是则道德流为神仙长生之说所托始也。然神仙长生家，有北派，亦有南派。南派晚出，衍于道德。北学先进，出自阴阳。何以言其然？《史记·封禅书》曰："驺衍以阴阳主运，显于诸侯，而燕齐海上之方士，传其术不能通，然则怪迂阿谀苟合之徒自此兴，不可胜数。"《汉书》称刘向传邹衍重道延命方，而《艺文志》阴阳家有《邹子》四十九篇，注"名衍。"又《邹子终始》五十六篇，师古曰："亦邹衍所说。"其书佚不传。太史公要删其说以著于《孟子荀卿列传》。而燕齐海上之方士，托其传于邹衍。此北学神仙出自阴阳之可证者也。淮南王安招天下方术之士，共讲论道德，总统仁义，而著《淮南鸿烈解》，其大较归之于道。而刘向传称淮南有枕中《鸿宝》、《苑秘书》书，言神仙使鬼物为金之术。晋丹阳葛洪著《抱朴子》，亦本道德之意，而《内篇》亦专论黄白变化之术。此南派神仙衍于道德之可征者也。大抵汉以前之方士衍阴阳，晋以后之道士祖道德。而《太史公书》实筦其枢。方士衍传阴阳，大书《封禅》。道德流为长生，见义此篇。体大思精，不可以一端测矣。虽然，窃有疑也。余读《韩非子·显学》篇曰："世之显学，儒、墨也。儒之所至，孔丘也。墨之所至，墨翟也。"则是以墨与儒同为显学，而它非所论及。然《太史公书》捃采极博，六经而后，先秦诸子，儒家有《孔子世家》、《仲尼弟子列传》、《孟轲荀卿列传》，道家有《管晏列传》、《老子庄子列传》，法家有《商君列传》，兵家有《司马穰苴列传》、《孙武吴起列传》，纵横有《苏秦列传》、《张仪陈轸犀首列传》。其不列传而附见者，有如法家之申不害、韩非附《老庄列传》，则以"刑名法术之学，原于道德之意"也。阴阳之驺衍、驺奭附《孟轲列传》，则曰"要其归，必止乎仁义节俭君臣上下六亲之施"也。罔不论列言行，详其事指而为之传。独墨子之显学，而于《太史公书》仅两见：一附见《孟轲荀卿列传》之末，曰："盖墨翟，宋之大夫，善守御，为节用。或曰并孔子时，或曰在其后。"辞之觕略甚矣。一见《太史公自序》谈为太史公之论六家要指。六家之中，榷论儒、道，其次墨者差详，而独详论其

“为节用”，曰“墨者俭而难遵，是以其事不可遍循，然其强本节用，不可废也”。因称墨者之言而极论之，要曰：“强本节用，则人给家足之道也。”自来论墨者多訾其兼爱，而《太史公书》独论其节用，与荀卿同。《自序》《正义》引韦昭说：“墨子之术也尚俭，后有随巢子传其术也。”信若所云，意者随巢子独传墨子尚俭之一义，而不及其它，太史公即本之此耶？《汉书·艺文志·诸子略》墨家有《随巢子》六篇，云“墨翟弟子”，其书不传。然余读瑞安孙诒让之《墨子后语》，中有《随巢子》佚文二十一事，其言多主于明鬼，荒大不经。亦论兼爱，曰：“有疏而无绝，有后而无遗。大行之行，兼爱万物，疏而不绝。贤者欣之，不肖则怜之。贤者不欣，是贱德也。不肖不怜，是忍人也。”则可谓僾乎仁人之言。然而无及节用者，虽放佚多未可论定，而随巢子之非专传墨子尚俭之一义，要可断言。而知韦昭之说未可信也。然则太史公之称节用何说？曰：“此盖称墨子以矫世敝，而发《平准》一书之指耳！”《平准》之书，迄元封元年而止，盖太史公谈之作。而太史公谈实仕建元元封之间，目睹汉武帝外攘夷狄，内兴功业，海内之士，力耕不足粮饷，“萧然繁费”，而“兴利之臣自此始”，故不禁慨乎言之。要曰：“强本节用，则人给家足之道。”此《平准》书之所为作，而于论墨子先发其指也。史谈又讥儒者之“博而寡要”，而极言之曰：“累世不能通其学，当年不能究其礼。”与《孔子世家》所载晏婴之讥孔子同辞，盖袭《墨子·非儒》之篇也。特是“博而寡要”，史谈衡儒，既袭《墨子·非儒》之篇，“而尊卑无别"，史谈非墨，又采儒者荀卿之说，以矛刺盾，良非偶然。今按《荀子·富国》篇曰："人之生，不能无群。群而无分则争。争则乱，乱则穷矣。故无分者，人之大患也。有分者，天下之本利也。而人君者，所以管分之枢要也。故美之者，是美天下之本也。安之者，是安天下之本也。贵之者，是贵天下之本也。古者先王分割而等异之也，故使或美或恶，或厚或薄，或佚或乐，或劬或劳，非特以为淫泰夸丽之声，将以明仁之文，通仁之顺也。……墨子之言，昭昭然为天下忧不足。夫不足，非天下之公患也，特墨子之私忧过计也。……夫天地之生物也，固有余足以食人矣。麻葛茧丝鸟兽之羽毛齿革也，固有余足以衣人矣。不足，非天下之公患也。天下之公患，乱伤之也。胡不尝试相与求乱之者谁也？我意墨子之非乐也，则使天下乱。墨子之节用也，则使天下贫。非将堕之也，说不免焉。墨子大有天下，小有一国，将蹙然衣粗食恶，忧戚而非乐。若是则瘠，瘠则不足欲。不足欲，则赏不行。墨子大有天下，小有一国，将少人徒，省官职，上功劳苦，与百姓均事业，齐功劳。若是则不威，不威则罚不行。……若是，则万物失宜，事变失应。……故先王圣人为之不然，知夫为人主者，不美不饰之不足以一民也，不富不厚之不足以管下也，不威不强之不足以禁暴胜悍也。……故墨术诚行，则天下尚俭而弥贫，非斗而日争，劳苦顿瘁而愈无功，愀然忧戚非乐而日不和。"是何也？自史谈言之，则曰"尊卑无别"也；自荀卿言之，则曰"群而无分"也，盖同指而异辞也。并著于篇，以为成学治国故者考览焉。

《文史通义》解题及其读法

中国之书，总以四部，四部之学，经史为大！特是经名学而史不闻，（浦起龙《史通通释》叙曰："六经之名，始见庄、列书。史名尤古，见于《书》、《论语》。自汉止立经博士，而史不置师；向、歆《七略》不著类。至唐千年，人为体例论罕适归，而史之失咙。"）史有书而学罕述。三五之代，书有典坟，悠哉邈矣，不可得而详！古往今来，质文递变；诸史之作，不恒厥体；然载笔有人，而述学罔见！裹括大例，权而为论，史之名学，断自二家：唐有刘知几。近推章学诚。刘知几作《史通》；章学诚纂《文史通义》；千载相望，骈称绝作！然而有不同者：刘知几别出经生而自成史家。章学诚综赅经学而贯以史例。刘氏之业专，而章氏之学大！其不同者一也。刘知几著书言史法。章学诚发凡籀史意。刘氏之裁断有法，而章氏之议论入微！其不同者二也。刘知几议馆局纂修之制。章学诚明一家著述之法。刘氏之论备，而章氏之道尊！其不同者三也。（章氏

《家书》二曰："吾于史学盖有天授，自信发凡起例，多为后世开山；而人乃拟吾于刘知几。不知刘言史法，吾言史意；刘议馆局纂修，吾议一家著述；截然两途，不相入也。"见《章氏遗书》卷九《文史通义》外编三。）明乎章氏之不同于刘氏，而后可与读章氏之书！然孟子有言："颂其诗，读其书，不知其人可乎！是以论其世也。"仆纂兹篇，爰析四目：一曰论世，述章氏之生世也。二曰叙传，知章氏之为人也。三曰解题，正名以核实也。四曰读法，发凡而起例也。至"读法"之章，重分四节：曰校本，明刊本之不同。曰析篇，辨众篇之异趣。曰原学，明作者之有本。曰异议，竟群言之流别。将以究义蕴，诏读例。词不必自我出，学庶以明一家！伯尔君子，尚览观焉！

一、论世

夷考让清一代学派，实开自昆山顾炎武亭林。其后婺源有江永慎修，休宁有戴震东原，歙有程瑶田易畴；而休宁戴氏声誉隆洽，最称大师。由声韵、训诂、名物、度数以反求之于诸经，一洗宋元儒者肤受之陋；其所变易，灼然如晦之见明；其所弥缝，奄然如合符复析！三吴间则吴县惠栋定宇禅其家学，亦称大师，衍昆山顾氏之绪，与休宁戴氏同。然而存不同于戴氏者：惠氏之学，博闻强识，以信而好古为揭帜，说者谓之纯汉学。戴氏之学，"空诸依傍"，以"实事求是"为鹄的，（戴氏《东原文集·与某书》曰："志存闻道，必空所依傍，汉儒训诂有师承，有时亦傅会。"钱大昕《潜研堂集·戴震传》曰："实事求是，不主一家。"）说者谓之考证学。皖之有戴氏，犹吴之有惠栋。

惠栋受学于其父士奇；其弟子有同县江声艮庭、余萧客古农；而嘉定王鸣盛西庄、钱大昕辛楣，乃汲吴县惠氏之流而别自成家。盖吴县颛汉儒治经家法，而嘉定则以其汉学考证之法，旁及诸史也。夫嘉定出于吴学，而门户较吴为大，非吴学所得赅；犹之文家阳湖派衍自桐城，而附庸蔚为大国，非桐城所得掩耳！

戴震受学于江永，亦尝执经问业于惠栋，则是皖者吴之旁出也。唯吴中惠氏世守古学，张皇补苴，而未知所入手！至戴震始谓有志闻道，当先从事于字义、制度、名物以通六经之语，考诸篆书由《说文》以睹古圣人制作本始，更念《尔雅》为承学津筏，又殚心其书，遂为后来治学者开一法门！实事求是不主一家，"有一字不准六书，一字解不通贯群经，即为无稽者不信，不信，必反复参证而后即安；以故胸中所得，皆破出传注重围。"（采余廷灿《戴东原先生事略》，见《国朝耆献类征》百三十一）其播教四方，传于北，有曲阜孔广森㧑轩、楼霞郝懿行兰皋，传于南，有金坛段玉裁懋堂、高邮王念孙怀祖。段玉裁阐扬师说，穷微极博，撰《说文解字注》，因字形以说字音字义，谓："《说文》、《尔雅》相为表里，治《说文》而后《尔雅》及传注明，《说文》、《尔雅》及传注明而后谓之通小学，而后可通群经之大义，而于是汉学之机括以发！王念孙精深古训，乃别出机杼而撰《广雅疏证》一书，谓"训诂之指，本于声音"，就古音以求古义扩充于《说文》、《尔雅》之外。无所不达，传其学以授于子引之伯申，而于是休宁之门户始大！郝懿行为《尔雅义疏》，乃不惮繁词，以阐发字借声转之义，正名辩物，旁笺子史，并为休宁法嗣。独孔广森虽从戴震学，而工骈文，说《公羊》，不类休宁朴学面目！其间段氏、王氏最能光大震学，世称戴段、二王。而高邮王氏父子尤以朴学精识谠正经传，旁及诸子，衰然为乾嘉大师，以追休宁戴氏，骈称曰休宁、高邮之学。特是休宁嫥治经训，而高邮旁及诸子。盖高邮之学，由名物训诂以通大义，出皖派师法，而别开蹊径；犹吴派之别出嘉定也。德清俞樾曲园、瑞安孙诒让仲容、余杭章炳麟太炎，皆衍高邮而有大名！及其蔽也，碎义逃难！"于是专求古人名物、制度、训诂、书数，以博为量，以窥隙攻难为功，枝之猎而去其根，细之搜而遗其钜！"（采姚鼐《赠钱献之序》，见《古文辞类纂》卷十二）风气所鼓而不知偏之为害；虽有大力莫之敢逆也。

独章学诚生当举耻溺于训诂、音韵、名物、度数之时，谓"君子学以持世，不宜以风气为轻重"；（家书五，见《章氏遗书》卷九《文史通义》外编三）治学蕲于明道，立言必有宗旨。言道之不离于事，将以实事求是，砭宋儒之空。明经之不外于史，亦以疏通致远，救汉学之碎。理贵实证，言不离宗，又推其说，施之于一切立言之书，而条其义例，比于子政，辩章旧闻，一人而已！大抵"章氏之学，其缜密繁博，或不逮休宁、高邮诸儒远甚！即其文事僿蔓，亦不如孔广森之渊雅，然识足以甄疑似，明正变，提要挈纲，卓然有以见夫经史百家之支与流裔而得大原，则有非休宁、高邮诸儒所能谛言者！盖休宁、高邮诸儒之学精于核；而章氏之学则善于推。休宁、高邮诸儒之学审于析；而章氏之学则密于综。休宁、高邮诸儒所用以为学之术径，唯章氏能会其通；亦唯章氏能匡其蔽！（采刘承干《章氏遗书序》）休宁、高邮诸儒之学既世学者承袭，浸成风会，破坏形体，支离大道，而所以议章氏者且百端。君子则以章氏之召世疾也，盖有五焉；何则？

为休宁、高邮之学者，凭据佐验，得一孤证，即可间执承学之口，而不必问其全书宗旨之如何；不通，则引申叚借以说之；又不通，则错简衍文以迁就之。为章氏之学，则每立一例，必穿穴群籍，总百氏之所撑，而我乃从而管之。故为章氏之学也拙；而为休宁、高邮之学也巧！人情喜巧而恶拙。一也，为休宁、高邮之学者，劳于目治，逸于心获，但使有古类书字学书十种，左右钩稽，一目可以得三四条。为章氏之学，则其立义也探赜甄微；彷徨四顾，有参考数年而始得者；亦有参考数十年而始得者；及其得也，适如人所欲言，则人之视之也亦与常等矣！

故为章氏之学也难；而为休宁、高邮之学也易！人情趋易而避难。二也。为休宁、高邮之学者，严绝赜说，故必引据成文；往见时贤解经之书，王伯申说，段茂堂说，开卷灿然；非是则人以为陋；为章氏之学别不然！有檃栝成文者焉；亦有不必檃栝成文者焉；同不是，异不非，唯义之与比；放之四海而准，公之四达之衢而人不能窃！故为章氏之学也约，而为休宁、高邮之学也博！人情尚博而鄙约。三也。为休宁、高邮之学者，意主疏通以求是；解一名，详一训，虽繁杀殊科，而其义也，皆有所底。为章氏之学，则规矩诚设，其运无乎不在，有略引其端以俟好学深思之自反者，有泛称广譬验之造述而后确者，虽复节目有疏落，援考有舛谬，而正无害其大体。故为章氏之学也虚；而为休宁、高邮之学也实！人情诞虚而夸实。四也。抑又有其可异者！为休宁、高邮之学者，以墨守为宗，再传而后，疲精许、郑，至甘以大义微言，拱而让之宋儒，佞程朱者，喜其不我牴牾也，则往往援之以自重。为章氏之学，则务矫世趋；群言殽列，必寻其源而遂之于大遂，虽以举世所鄙弃之郑樵，举世所呲毁之象山、阳明，章氏扬榷所及，亦且时时称道焉。章氏以不党救党，而守门户者以为党！章氏以不衺治衺，而昧则识者以为衺！故为章氏之学也逆风会；而为休宁、高邮之学也顺风会。逆则不乐从；顺则人人皆鹜之。五也。虽然，学之为术，有统有宗，必伦必脊；或治其分；或揽其总；虽相迕而实相济,譬则振裘然;章氏挈其领,而休宁、高邮诸儒则理其氄。为章氏之学,而不以休宁、高邮精密征实之术佐之;凭臆肤受,其病且与便词巧说者相去不能以寸!(采张尔田《章氏遗书序》)

而为休宁、高邮之学者,不幸不见天地之纯,古人之大全,不该不偏,一曲之士也!倘无章氏以持其后,则判天地之美察。古人之全,道术将为天下裂矣!昔者孔子问于子贡曰:"汝以予为多学而识之者欤?"对曰:"然!非欤?"曰:"非也!予一以贯之!"大抵为休宁、高邮之学者,所谓"多学而识之"者也,而章氏则"一以贯之"者也。

方当让清乾嘉之世,休宁、高邮之学既称极盛,而异议亦起,大要不出三派:其一为桐城派之文学,姚鼐、方东树其选也。其一为浙东派之史学;章氏及邵晋涵其著也。其一为常州派之经学,庄存与、刘逢禄其桀也。大抵桐城、浙东以宋学为根柢;而常州则以西京张门户。桐城、浙东以大义为导扬,而常州则以微言恣诡诞。大义者,君子中庸之道,愚夫可与知能也。微言者非常可怪之论,夫子之所罕言也。孔子曰:"素隐行怪,后肚有述焉,吾弗为之矣!"常州既以素隐行怪不餍人意。桐城复以浅见寡闻诒讥儒林。独章氏疏通知远,阐扬书教,以起为浙东开山之祖。谨为寻其脉络,条其流别,以著于篇;而为读章氏书者知人论世之资焉。

二、叙传

章氏名学诚，字实斋，浙江会稽人；乾隆戊戌进士，官国子监典籍。其先世由浦城迁居山阴，再徙而籍道墟称道墟，章氏；（见《章氏遗书》卷二十三《家谱杂议》）后又自道墟迁居绍兴府城，至学诚盖百年矣。（见《章氏遗书》卷二十八《仲贤公三世像记》）父镳，字骧衢，号励堂，乾隆壬戌进士，官湖北应城知县。少孤，喜读书，而家贫不能购书，则借读于人，随时手笔记录，孜孜不倦，晚年汇所札记，殆盈百帙。尝得郑氏《江表志》及五季十国时杂史数种，欲钞存之，嫌其文体破碎，随笔删润，文省而义意更周，仍其原名，加题为《笔氏别本》，又喜习书，缮五经文，作方寸楷法，尤喜《毛诗》、《小戴氏记》，凡写数本，手不知疲，尝恨为此二事所牵，不得专意劉录所未见书。每还人所借，有札未竟者，怅怅如有所失，盖好且勤也如是。然聚书无多，仕官所历，随身三数千卷（见《章氏遗书》卷二十二《瀹云山房乙卯藏书自记》），最重余姚邵廷寀念鲁《思复堂文集》。廷寀尝及事同邑黄宗羲黎洲，讲肆宗阳明，而学问则贯串群史，盖衍浙东学术之绪。（浙东学术语详《章氏遗书》卷二《文史通义》内篇二）而为镳家学之所自出也。（见《章氏遗书》卷九《文

史通义》外篇三《家书》三）

浙东学术，始余姚黄宗羲，盖出山阴刘宗周蕺山之门，而开鄞县万斯大充宗、斯同季野兄弟经史之学；再传而得鄞县全祖望谢山，三传而得余姚邵晋涵二去，皆以史学有闻于当世；而晋涵，廷寀从孙，与学诚骤好。学诚之学，可谓集浙东学术之成者焉；其好学深思，于史学盖有天授，一本之于父镳。镳尝辨《史记》索隐，谓十二《本记》法十二月，十《表》法十干诸语，斥其支离附会。而学诚时年未弱冠，亦议邓氏《函史》上下篇卷，分配阴阳老少为非；特未能遽笔为说耳；（亦见《章氏遗书》卷九《文史通义》外篇三《家书》三）然幼而多病，一岁中，铢积黍计，无两月功，资又椎鲁，日诵才百余言，犹汲汲不中程，十四受室，尚未卒业《四子书》！（见《章氏遗书》卷二十二《文集》七《与族孙汝楠论学书》）顾拙于记诵，神于解会。初镳之聚徒授经也，评点诗文，为及门称说，深辟村塾传本之胶执训诂；独究古人立言宗旨。（见《章氏遗书》卷九《文史通义》外篇三《家书》三）听者罕会！而学诚尚为群儿嬉戏左右，闻父言，则私心称喜决疑质问，间有出成人拟议外者！（见《章氏遗书》卷二十二《文集》七《与族孙汝楠论学书》）年十六，侍镳应城官舍，童心未歇，从学于江夏柯绍庚公望；绍庚工书，善举业，而学诚则无意于应举文，独好为诗赋，绍庚意以为恨；曰："文无古今，期于通也。时文不通，诗古文辞，又安能通耶？"顾学诚不屑其言！春秋佳日，宾从联骑出游，归必有所记述，见者相与叹赏；学诚益喜自命！（见《章氏遗书》卷十七《文集》二《柯先生传》）又取《春秋左氏传》删节事实。镛见之乃诲曰："编年之书，仍用编年删节，无所取裁；曷用纪传之体分其所合？"于是力究纪传之史，而辨析体例；（见《章氏遗书》卷九《文史通义》外编三《家书》三）日夜钞录《春秋》内外传及衰周、战国子史辄复以意区分，编为纪表志传，作东周书凡百余卷（见《章氏遗书》卷九《文史通义》外编三《家书》六，又卷二十二《文集》七《与族孙汝楠论学书》）；自命史才，大言不逊！然于文字承用转辞助语，犹未尝得一当也。（见《章氏遗书》卷十七《文集》二《柯先生传》）

自以读书当得大意，方年少气锐，专务涉猎，四部九流，泛览不见涯涘，好立议论，高而不切，攻排训诂，驰骛空虚，盖未尝不怡然自喜！独怪休宁戴震东原振臂而呼曰："今之学者无论学问文章，先坐不曾识字！"既骇其说，就而问焉？震应之曰："予弗能究先天后天、河洛精蕴，即不敢读'元亨利贞'。弗能知星躔岁次、天象地表，即不敢读'钦若敬授'。弗能辨声音律吕，古今韵法，即不敢读'关关雎鸠'。弗能考三统正朔、周官典礼，即不敢读'春王正月'。"学诚闻震言则大丑。（见《章氏遗书》卷二十二《文集》七《与族孙汝楠论学书》）徒以天性高朗，沉潜不足，故于训诂考质多所忽略，而神解精识，乃能窥及古人所未到处！年二十岁，购吴兆宜《注庾开府集》。中有"春水望桃花"句；注引《月令章句》"三月桃花水下"；既为镛所见，则抹去其注而评于下曰："望桃花于春水之中，神思何其绵邈！"学诚读之，顿觉有会；回视《吴注》，意味索然矣！自后观书，遂能别出意见，不为训诂牢笼，虽时有鲁莽之弊，而古人大体，乃实有所窥！廿一二岁，駸駸向长，纵览群书，于经训未见领会，而史部之书，乍接于目，便似夙所攻习，（见《章氏遗书》卷九《文史通义》外编三《家书》三、《家书》六）意所不惬，辄批抹涂改，疑者随时札记以俟参考。（见章氏之子华绂《文史通义跋》）尝谓"读书札记贵在积久贯通"。（见《章氏遗书》卷二十二《文集》七《与族孙汝楠论学书》）自称"廿三四时所笔记者，后虽亡失！然论诸史于纪、表、志、传之外，更当立图；列传于儒林、文苑之外，更当立史官传；此皆当日之旧论也。唯当时见书不多，故立说鲜所征引耳！其识之卓绝。则有迨老不能易者！"（见《章氏遗书》卷九《文史通义》外编三《家书》六）年二十三，始游北京，应顺天乡试。自是三应举。三报罢！年二十八，始读《史通》。既累举不得意，肄业国子监，乃问学于大兴朱筠竹君。筠既通儒硕望，一见许以千古！独言及时文，则曰："足下于此无缘，不能学！然亦不足学也！"学诚请益，曰："家贫亲老，不能不望科举。"筠对曰："科举何难！科举何尝必要时文！由子之道，任于之天，科举未尝不得；即终不得，亦非不学时文之咎也！"与曩者所闻柯绍庚言不同。学诚则大服！（见《章氏遗书》卷二十九《外集》二《与汪龙庄简》）顾旅困不能自存，遂依筠以居，咤傺无聊甚！然由是得见当世名流及一时闻人之所习业；（见《章氏遗书》卷十八《文集》

三《任幼植别传》)讨论讲贯,备知学术源流同异以证曩昔之所治学,有幼时所见,至是证其至当不可移者!乃知一时创见,或亦有关天授,特少小学力未充,无所取证,不能发挥尽致耳!从此所学益以坚定!(见章氏之子华绂《文史通义序》)

年三十一,实为乾隆三十三年戊子,中顺天乡试副榜!而国子监司业仁和朱芬元春浦为同考官,见学诚对策言国子监志之得失,惊叹不已!怪六官师儒,安得遽失此人!于是名稍稍闻!(见《章氏遗书》卷十六《文集》一《国子监司业朱府君墓碑》)既而朱筠以翰林侍读学士出提督安徽学政,与偕者胥一时名士,而学诚与焉,所与上下议论,欣合无间者,最称邵晋涵;时学诚方学古文辞于朱筠,苦无藉手,晋涵辄据前朝遗事,俾学诚试为传记以质文心,其有涉史事者,若表志、记注、世系、年月、地理、职官之属,凡非文义所关,覆检皆无爽失,由是与晋涵论史契合隐微(见《章氏遗书》卷十八《文集》三《邵与桐别传》),没齿不贰!然晋涵长于学,而学诚善于裁。(见《章氏遗书》卷九《文史通义》外编三《家书》五)方当乾隆御宇,四库馆开,广献书之路,遗籍秘册,荟萃都下;学士侈于闻见之富,别为风气,讲求史学,非马贵与之所为整齐类比,即王应麟之所为考逸搜遗。独学诚语于晋涵曰:"史学不求家法,则贪奇嗜琐,但知日务增华,不过千年,将恐大地不足容架阁矣!"晋涵闻之,抚膺叹绝!欲以斯意刊定前史,自成一家。时议咸谓前史榛芜,莫甚于元人修宋、辽、金三史,而措功则《宋史》尤难!

晋涵遂慨然自任；尝据宋事与史策流传大违异者凡若干事，燕闲屡为学者言之。学诚因言："俟君书成，余更以意为之，略如二谢、司马诸家之《后汉》，王隐、虞预之《晋书》，各自为家，听抉择于后人！"晋涵曰："何如？"学诚曰："当取名数事实，先作比类长编，卷帙盈千，可也。至撰集为书，不过五十万言；视始之百倍其书者，大义当更显也！"晋涵曰："如于所约，则吾不能！然亦不过三倍于君，不至骛博而失专家之体也！"学诚曰："愿闻立言宗旨？"晋涵曰："宋人门户之习，语录庸陋之风，诚可鄙也！然其立身制行，出于伦常日用，何可废耶！世之士大夫博学工文，雄出一代，而于辞受取予、出处进退之间，不能无箪豆万钟之择，本心既失，其他又何议焉！此著宋史之宗旨也！"学诚闻其言而耸然！

学诚尝盛推晋涵从祖廷寀所著《思复堂文集》，滑五百年来罕见！晋涵则谦挹之甚！疑学诚阿私所以及其先也！学诚正色曰："班、马、韩、欧、程、朱、陆、王，其学其文，如五金贡自九牧，各有地产，不相合也！独君家念鲁先生洪炉鼓铸，自成一家，更无金品州界之分，谈何容易！文以集名，而按其旨趣义理，乃在子史之间；五百年来谁能办此！"晋涵虽诺，未深然也，久之，乃过学诚曰："近忆子言，熟复先念鲁文，信哉如子所言！乃知前人之书，竟不易读！子乃早辨及此！"学诚因为言曰：

思复堂文，全氏祖望著书尝排诋之！然以余所论：全氏通籍馆阁，入窥中秘，出交名公钜卿，以视念鲁先生终老诸生，穷伏海滨；闻见自宜有进，然论文章则不如思复堂远甚！何者？盖全氏修辞饰句，芜累甚多；不如《思复堂集》辞洁气清！若其泛滥驰骤，不免蔓衍冗长；不如《思复堂集》雄健谨严，语无枝剩！至于数人共为一事，全氏各为其人传状碑志，叙所共之事，复见迭出，至于再四！不知古人文集，虽不如子书之篇第相承；然同在一集之中，必使前后虚实分合之间，互相趋避，乃成家法；而全氏不然！以视《思复堂集》全书止如一篇，一篇止如一句，百十万言，若可运于掌者，相去又不可以道里计矣！至于闻见有所出入，要于大体无伤，古人不甚校也！往者王弇州（太仓王世贞）之雄才博学，实过震川（昆山归有光），而气体不清，不能不折服于震川之正论！今全氏之才，不能远过弇州；而《思复堂集》高过震川数等，岂可轻相非诋！是全氏之过也！

晋涵深契其论！（见《章氏遗书》卷十八《文集》三《邵与桐别传》及其子贻选跋）

晋涵尝为总督湖广尚书镇洋毕沅秋帆诋定所撰《宋元通鉴》以续司马光书；则请姑标《宋元事鉴》，言："《说文》史训记事，又《孟子赵注》亦以天子之事为天子之史，见古人即事即史之义。"宛转迁避，盖取不敢遽续司马光书，犹世传李焘所续，谦称为《长篇》尔！

而学诚因推孟子其事其文之义,且欲广吕祖谦撰辑之《宋文鉴》一书,别为《宋元文鉴》,将与《事鉴》并立,以为后此一成之例。晋涵又仿司马光例,年经国纬,以为事鉴目录,而学诚则曰:"纪传之史,分而不合;当用互注之法以联其散。编年之史,浑灝无门,当用区别之法以清其类。"晋涵就求其说,则应之曰:

> 纪传之史,事同而人隔其篇;犹编年之史,事同而年异其卷也。马、班篇叙之法亡,而后史乃于篇首为目录。倘作史者诚取目录子注之意,而稍从类别区分,著于编首以为别录焉;则详略可以互纠,而繁复可以检省矣!大抵纪传苦于篇分;别录联而合之,分者不终散矣!编年苦于年合;别录分而著之,合者不终混矣!盖枉欲矫而直欲揉,归于相济而已矣!今于纪传之史,必当标举事目,大书为纲,而于纪、表、志、传与事连者,各于其类附著篇目于下,定著别录一编,冠于全书之首;俾览者如振衣之得领,张网之挈纲;治纪传之要义,未有加于此也!倘为编年而作别录,则如每帝纪年之首,著其后妃、皇子、公主、宗室、勋戚、将相、节镇、卿尹、台谏、侍从、郡县、守令之属,区别其名,注其见于某年为始,某年为终,是亦编年之中,可寻列传之规摸也。其大制作、大典礼、大刑狱、大经营,亦可因事定名,区别品目,注其终始年月,是又编年之中,可寻书志之矩则也,至于两国聘盟,两国争战,亦可约举

年月，系事隶名，是又于编年之中，可寻表历之大端也。如有其事其人，不以一帝为终始者；则于其始见也，注其终详某帝，于其终也，注其始详某帝，可也。其有更历数朝，仿其意而推之，可也。要使人于编年之中，隐得纪传班部，以为较司马光目录举要诸编，尤得要领！且欲广其例而上治司马光书以为编年者法！

问何所昉？学诚则言"其意盖本于杜预治左，别有世卿公子诸谱例耳！"（见《章氏遗书》卷七《文史通义》外编一《史篇别录例议》，卷九《文史通义》外编三《为毕制军与钱辛楣宫詹论续鉴书》）沅善其说而不能用也！

学诚尝以马班而后，二十一家义例不纯，体要多舛，世士以博稽言史，则史考也。以文笔言史，则史选也，以故实言史，则史纂也。以议论言史，则史评也。以体裁言史，则史例也。唐宋至今，积学之士，不过史纂、史考、史例。能文之士，不过史选、史评。其间独推刘知几、曾巩、郑樵皆良史才，生史学废绝之后，能推明古人大体！然郑樵有史识而未有史学，曾巩具史学而不具史法，刘知几得史法而不得史意，故欲遍察其中得失利病，为校雠之学，上探班固、刘向，溯源官礼，下贬《雕龙》、《史通》，甄别名实，品藻流别，约为科律，为《文史通义》一书。（见《章氏遗书》卷二十二《文集》七《与族孙汝楠论学书》，卷二十九外集二《与严冬友侍读》、外编卷十六《和州志》一《志隅自叙》及《补遗》)大指以为:"撰述欲圆而神;记注欲方以智。智以藏往,神以知来。记注欲往事之不忘;撰述欲来者之兴起;故记述藏往似智;而撰述知来拟神也。藏往欲其赅备无遗,故体有一定,而其德为方。知来欲其抉择去取,故例不拘常而其德为圆。而撰述之书,不可律以记注一成之法。迁书所创纪传之法,本自圆神,固书因迁之体,而为一成之义例。后世袭用其体,不知变遗,而史才、史识、史学,转为史例拘牵,愈袭愈舛,以致圆不可神,方不可智,如宋、元二史之溃败决裂,不可救挽;实为史学之河淮洪泽逆河入海之会!于此而不为迴狂障堕之功,则滔滔者何所底止!不知纪传原本《春秋》。《春秋》原本《尚书》。《尚书》典谟之篇,记事而言亦具焉;训诰之篇,记言而事亦见焉。古人事见于言,言以为事,未尝分事、言为二物也。《尚书》训诰之记言,必叙其事以备所言之本末;汉儒误信《玉藻·记》文,而以《尚书》为记言之专书焉;毋乃因后世之空言而疑古人之事实乎?《春秋》之事则齐桓、晋文,而宰孔之命齐侯,王子虎之命晋侯,皆训诰之文也;而左氏附传以翼经,夫子不与《文侯之命》同著于编;则《书》入《春秋》之明证也。《尚书》讫平王,而《春秋》托始于平王;明乎其相继也。马迁绍法《春秋》,而删润典谟以入纪传。班固承迁有。作:而《禹贡》取冠地理,《洪范》特志五行;而《贾、董二传》,仿《尚书》训诰之记言,叙贾、董生平行事,无意求详,前后寂寥数言,不过为《政事诸疏》、《天人三策》备始末尔,则以《春秋》之学为《尚书》也,而《书》与《春秋》不得不合为一矣!逮史迁著书,自命《春秋》经世,一出董子天人性命之学;则是纪传原本《春秋》,《春秋》原本《尚书》之明效大验也。《尚书》一变而为左氏之春秋,《尚书》无成法;而左氏有定例,以纬经也。左氏一变而为史迁之纪传,左氏依年月,而迁书分类例,以搜逸也。迁书一变而为班氏之断代;迁书通变化;而班氏守绳墨,以示包括也。司马光《通鉴》病纪传之分,而合之以编年。袁枢《纪事本末》又病通鉴之合,而分之以事类。夫《通鉴》为史节之最粗,而《纪事本末》又为通鉴之纲纪奴仆,此不足为史学,而止可为史纂、史钞者也。然神奇可化臭腐,臭腐亦复化神奇。《纪事本末》之作,本无深意,而因事名篇,不为成法,文省于纪传,事豁于编年,则引而伸之,扩而充之,遂觉体圆用神;《尚书》神圣制作,数千年来可仰望而不可接者,至此可以仰追;岂非穷变通久,自有其会!纪传流弊,至于极尽,而天牖吾衷为从此百千年后史学开山;诚窃以为当仍纪传之体,而参本末之法;增图谱之例,而删书志之名。"发凡起例,推论甚精徒以载之空言,不如见之事实;常思自以义例撰述一书以明所著之非虚语,(见《章氏遗书》卷一《文史通义》内篇一《书教》上中下,卷九《文史通义》外篇三《与邵二云论修宋史书》,卷十八《文集》三《邵与桐别传》而薄出其技以治方志。

初学诚随父镳客湖北天门,适改修甚志,请镳主其事,为撰《修志十议》;时在乾隆二十九年甲申,学诚之二十七岁也。其后二十六年间,历修成和州、永清、亳州诸州县志,所自得意者,莫如《亳州志》,言:"此志拟之于史,当与陈、范抗行;义例之精,则亦《文史通义》中之上乘也;回视和州、永清之志,一半为土苴矣!"(见《章氏遗书》卷九《文史通义》外编三《又与永清论文》)盖学诚方志之学,于是为大成也!居常持论,谓:"欲经纪一方之文献,必立三家之学,而始可以通古人之遗意也!仿纪传正史之体而作志。仿律令典礼之体而作掌故。仿文选、文苑之体而作文征。三书相辅而行,阙一不可;合而为一尤不可也!而其要原本于《六经》。六经,皆史也,后世袭用而莫之废者,唯《春秋》、《诗》、《礼》三家之流别耳!纪传正史,《春秋》之流别也。掌故典要,《官》、《礼》之流别也。文征诸选,《风诗》之流别也。获麟绝笔以还,后学鲜能全识古人之大体;必积久而后渐推以著也!马《史》、班《书》以来,已演《春秋》之绪矣,刘氏《政典》,杜氏《通典》,始演《官》、《礼》之绪焉,吕氏《文鉴》、苏氏《文类》,始演《风诗》之绪焉;并取括代为书,互相资证,无空言也!六艺并立,《乐》亡而入于《诗》、《礼》,《书》亡而入于《春秋》。六经演而为《三史》,亦一朝典制之钜也。方州蕞尔之地,一志足以尽之,而必取于备物者。天下政事始于州县而达乎朝廷。朝廷六部尚书之所治,则合天下州县六科吏典之掌故以立政也。六部必合天下掌故而政存,史官必合天下纪载而籍备也。州县虽小,其所承奉而施布者,吏、户、礼、兵、刑、工无所不备;是则所谓具体而微矣;国史于是取裁,方将如《春秋》之藉资于《百宝书》,何可忽也! 今天下大计既始于州县,则史事积成,亦当始于州县之志。州县有荒陋无稽之志;而无荒陋无稽之令史案牍,志有因人臧否,因人工拙之义文例辞;案牍无因人臧否,因人工拙之义例文辞。盖以登载有一定之法,典守有一定之人。故州县之志,不可取办于一时。平日当于诸典吏中,特立志科,佥典史之稍明于文法者以充其选,而且立为成法,俾如法以记载,略如案牍之有公式焉,则无妄作聪明之弊矣! 积数十年之久,则访能文学而通史载者,笔削以为成书,如是又积而又修之,于事不劳,而功效已为文史之儒所不能及! 夫史之为道,文士雅言与胥吏案牍,皆不可用,用舍是二者,则无所以为史矣! 孟子曰"其事"、"其文"、"其义",春秋之所取也;即薄牍之事,而润以尔雅之文,而断之以义;国史方志,皆春秋之流别也。譬之人身,事者其骨,文者其肤,义者其精神也。断之以义而书始成家;而后有典有法,可诵可识,乃能传世而行远。(见《章氏遗书》卷一《文史通义》内篇一《书教上》,卷十四《方志略例》一《方志立》三《书议州县请立志科议》)故史之大原,本乎《春秋》,春秋之义,照乎笔削。笔削之义,不仅事具始末,文成规矩,以夫子"义则窃取"之皆观之,固将纲纪天人,推明大道,所以通古今之变,而成一家之言者,必有详人之所略,异人之所同,重人之所轻,而忽人之所谨,绳墨之所不可得而拘,类例之所不可得而泥,而后微茫杪忽之际,有以独断于一心,及其书之成也,自然可以参天地而质鬼神,契前修而俟后圣。此家学之所以可贵也。然古人一事，必具数家之学；著述与比类两家，其大要也。班氏撰《汉书》，为一家著述矣；刘歆、贾护之《汉记》，其比类也，司马撰《通鉴》，为一家著述矣；二刘、范氏之《长编》，其比类也。比次之书，则掌教令史之孔目，簿书记注之成格，其原虽本柱下之所藏，其用止于备稽检而供采择，初无他奇也；然而独断之学，非是不为取裁。独断之学欲其智，而比次之书欲其愚。古人云："言之不文，行之不远"；"文不雅驯，荐绅先生难言之"；为职官、故事、案牍、图牒之难以萃合而行远也；于是有比次之法。不名家学，不立识解，以之整齐故事，而待"好学深思，心知其意"者之裁定；是则比次欲愚之效也。但为比类之业者，必知著述之意，而所次比之材管可使著述者出，得所凭借，有以恣其纵横变化；又必知己之比类，与著述者各有渊源；而不可以比类之密，而笑著述之或有所疏；比类之整齐，而笑著述之有所畸轻畸重；则善矣！（见《章氏遗书》卷四《文史通义》内篇四《答客问》上中，卷九《文史通义》外篇三《报黄大俞先生》）时虽称善。顾莫之大用！

　　尝客浙江宁绍台兵备道、代州冯廷丞子弸所，遇戴震，震自负高名，见《和州志例》，乃曰："志以考地理，但悉心于地理沿革，不当侈言文献。"学诚曰："不然！方志如古国史，本非地理专门。如云但重沿革，而文献非所急；则但作沿革考一篇足矣！且古今沿革始非我臆测所能为也！考沿革者取资载籍；载籍具在，人人而得而考之；虽我今日有失，后人犹得而更正也。若夫一方文献，及时不与搜罗，编次不得其法，去取或失其宜，则他日将有放失难稽，湮没无闻者矣！不得已而势不两全，无宁重文献而轻沿革！"震拂衣径去！学诚又以震出示所撰《汾州府志》有古迹一门，谓："古迹非志所重，当附见于舆地之图；不当自为专门。"往复辩难，终不为屈！（见《章氏遗书》卷十四《方志略例》一《记与戴东原论修志》）

既，毕沅延撰《湖北通志》，又出其余力以修常德、荆州、石首诸府县志，皆有成书。独湖北通志，书未成而论者诋諆；既不得行其意，重自审订，成《湖北通志检存稿》四卷。大要参取古今史志义例，剪裁浮辞，禀酌经要，分二纪、三图、五表、六考、四政略、五十三传以为《通志》七十四篇。而于通志之外，取官司见行章程，分吏、户、礼、兵、刑、工六门，叙其因革条例，以为《掌故》？更取传记、论说、诗赋、箴铭诸篇，别次甲乙丙丁上下八集，以为《文征》。勒成三家之书，而推本于六经；《方志》义本《百国春秋》，《掌故》义本《三百》、《官》、《礼》，《文征》义本《十五国风》。至于畸说剩言，采撷所余，虽无当于正裁。颇有资于旁证，故附稗野说部之流而作丛谈，犹经之别解，史之外传，子之外篇也。其不合三书之目而称四者；三书皆经要，而丛谈则非不可阙之书也；《汉书·艺文志》所谓"小说家者流，出于稗官，街谈巷议，亦采风所不废"云尔！（见《章氏遗书》卷十四《方志略例》一《方志立》三《书议》，卷二十四《湖北通志检存稿》一《为毕制府撰〈湖北通志〉序》）即此可概见其义法焉，学诚地产霸材，天挺史识；（见《两浙輶轩录》补遗《章学诚传》后王宗炎曰）大抵推原《官》、《礼》而有得于刘氏向、歆父子之传，故于古今学术渊源，辄能条别而得其宗旨。（见章氏之子华绂《文史通义》跋）尤善属书离辞，指事类情，虽当世宿学不能自解免。

与修宁戴震、江都汪中同客浙江宁绍台兵备道冯廷丞所咸被敬礼，而所学异趣。学诚则谓戴震功力不浅而无得于性情。汪氏聪明有余而不足于识力。何以言其然？散万殊者为聪明。初学之童，出语惊其长老，聪明也。等而上之，至于学充文富，而宗本尚未之闻，犹聪明也。定于一者为识力：其学包罗富有，其言千变万化，而所以为言之故，则如诗之三百，可以一言蔽也；是识力也。今有文章如入万花之谷，学问如窥五都之市，可以窥奄陋而箴鄙僿矣！问其何以为言，不能答也，盖与荒经灭古，舍学识而空言一贯者，其功虽有难易之殊，其于无当则一也。舍学识而空言宗本；是婪子据空室而指其门闑以为家也！是宋学末流之失也。博学能文而不知宗本，是管库为人守藏多财，而不得主其财也！是汪氏之学也！古人著书，各有立言之宗。而推本所自：史学本于《春秋》，专家著述本于《官》、《礼》。辞章泛应本于《风诗》。天下之文尽于是矣！子有杂家；杂于众，不杂于己，杂而犹成其家者也。文有别集：集亦杂也，杂于体，不杂于指，集亦不异于诸子也。故诸子杂家与文集中之具本旨者，皆著述之事，立言之选也。今观汪氏《述学》所为《内篇》，大约杂举经传小学，辨别名诂义训，初无类例，亦无次序苟使全书果有立言之宗，恐其孤立而鲜助也；杂引经传以证其义，博采旁搜以畅其旨，则此纷然丛出者，亦当列于杂篇；不但不可为内，亦并不可谓之外也！古人著书内外分篇盖有经纬。内篇必立所言之宗，而外杂诸篇，取与内篇之旨相为经纬，一书只如一篇，无泛分内外之例。汪氏之书，不过说部杂考之流耳，何以为内篇哉！观其外篇，则序记杂文，泛应辞章，斯乃与《述学》标题，如风马牛，列为外篇，以拟诸子，可为貌同而心异矣！然汪氏工辞章而优于辞命，苟善成之，则渊源非无所自，古者行人之遗，流为纵横家学，其源实出于《风诗》也，引申比兴，抑扬往复，可以穷文心之极变，达难显之至情，用以规谏讽谕，兴起好善恶恶之心；使不分心于著述，固可进于专家之业也。内其所外，而外其所内；识力闇于内，而名心骛于外也！（见《章氏遗书》卷七《文史通义》外篇一《立言有本》）戴君所学深通训诂，究于名物制度而得其所以然；将以明道也！时人方贵博雅考订，见其训诂名物，有合时好，以谓戴之绝诣在此！及戴著《论性》、《原善》诸篇，精微淳邃，于天人理气，实有发古人所未发者，时人则谓空说义理可以无作，是固不知戴氏者矣！然戴氏不能无过焉！戴氏之过，在诋宋儒之躬行实践，而置己身于功过之外！费至于校正宋儒之讹误，可也！并一切抹杀，横肆诋诃；至于体、歙之间，自命通经服古之流，不骂朱子，不得为通人；则戴氏实为作俑！夫空谈性理孤陋寡闻，一无所知，乃是宋学末流之大弊！然通经服古，由博反约，即是朱子之教！一传而为蔡沈、黄幹；再传而为真德秀、魏了翁；三传而为黄震、王应麟，其后为许谦、王柏、金履祥；至国初而顾炎武、黄宗羲、阎若璩，皆俎豆相承，甚于汉之经师谱系。戴氏之学，实自朱子道问学而得之！故戒人以幽空言理，其说深探本原，不可易矣！顾以训诂名义，偶有出于朱子所不及者，因而丑贬朱子，至斥以悖谬，诋以妄作，此饮水而忘其源也！（见《章氏遗书》卷二《文史通义》内篇二《朱陆书》、《朱陆篇后补遗》，又《与朱少白书》）学博者长于考索，岂非道中之实积！而骛于博者，终身敝精劳神以徇之，不思博之何所取也！程子曰："凡事思所以然，天下第一学问人。"亦盍求所以然者思之乎？诸子百家之患，起于思而不学；而世儒之患，起于学而不思！即如王应麟搜罗摘扶，穷幽极微，其于经传子史，名物制数，贯串旁骛，实能讨先儒所未备；其所纂辑诸书，至今学者资衣被焉！然王氏诸书，谓之纂辑可也；谓之诸述，不可也！谓之学者求知之功力，可也；谓之成多之学术，则未可也！今之博雅君子，疲精劳神于经传子史，而终身无得于学者，正坐宗仰王氏，而误执求知之功力，以为学即在是尔！学与功力，实相似而不同！学不可以骤几！人当致勉乎功力，则可耳！指功力以为学，是犹指秣黍以为酒也！夫学有天性焉；读书服古之中，有人识最初而终身不可变易者，是也。学又有至情焉；读书服古之中，有欣慨会心而忽焉不知歌泣何从者，是也。功力有余而性情不足，未可谓学问也；今之学者，且憾不见夫子未修之《春秋》，又憾戴公得《商颂》而不存七篇之阙，自以为高情胜致，至相赞叹！充其僻见，且似夫子删修，不如王应麟之善搜遗逸焉！盖逐于时趣，而误以掔绩补苴，谓足尽天地之能事也！幸而生后世也。如生秦火未毁以前，典籍具存，无事补辑，彼将无所用其学矣！所贵君子之学术，为能持世救偏！而世之学者，不知持风气，而唯知狥风气；(见《章氏遗书》卷二《义史通义》内篇二《原学下》、《博约中》)风气所趋，竞为考订；学识未充，亦强为之！读书之功少，而著作之事多！耻其言之不自己出也，而不知其说之不可恃也！著作本乎学问；而近人所谓学问，则以《尔雅》名物，六书训故，为足尽经世之大业，虽以周、程义理，韩、欧文辞，不难一哄置之！(见《章氏遗书》卷九《文史通义》外篇三《与族孙守一论史表》、《与陈鉴亭论学》)不知训诂名物，亦一端耳！古人学于文辞，求于义理；不由其说，如韩、欧、程、张诸儒，竟不许以闻道；则亦过矣！(见《章氏遗书》卷二《文史通义》内篇二《书朱陆篇后》)今之攻小学者，以为六书不明，则言语尚不可通；况乎义理！然韩愈曰："凡为文辞，宜略识字。""略识"云者，未如今之辗转攻取，毕生莫能殚也！以其毕生莫殚也，故终其身而无可属辞之日；然不应妨他人之属辞也！韩子立言如《五原》、《禹问》诸篇，昔人谓与孟、扬相表里者，其中仁义道德诸名，修齐治平诸目，不知于六书音画，有何隐奥未宣究也？近日考订之学，正患不求其义；而执形迹！读《易》

而知寡过；读《书》而得知人安民；读《诗》而知好善恶恶；读《春秋》而论其谨严名分；不待穷《说文》之偏傍，辨《广韵》之音释，与夫诸子之纷纷考辨，而《六经》大义，昭如日月，虽使许慎复生，康成再出，卒莫能有加重于此也！（见《章氏遗书》卷八《文史通义》外篇二《朱先生墓志书后》、《说文字原课本书后》）所贵君子之学术，非特能持风尚之偏而已也，知其所偏之中，亦有不得而废者焉！非特能用独擅之长而已也；知己所擅之长，亦有不足以该者焉！学问之途，有流有别；尚考证者薄词章；索义理者略征实；随其性之所近，而各标独得；则服、郑训诂，韩、欧文章，程、朱语录，固已角特鼎峙而不能相下。必欲各分门户，交相讥议；则义理入于虚无，考证徒为糟粕，文章只为玩物；汉唐以来，楚失齐得，至于嚣嚣有未易临决者！唯自通人论之则不然！考证即以实此义理，而文章乃所以达之之具，事非有异。学者先求征实，后议扩充；析向贵有尚属；博详反约，原非截然分界；及乎泛滥渟蓄，由其所取愈精，故其所至愈远。然而谈何容易！十年闭关，出门合辙，卓然自立以不愧古人。正须不羡轻隽之浮名，不揣世俗之毁誉，循循勉勉，即数十年中人以下所不屑为者而为之，乃有一旦庶几之日；斯则可为知者道，未易一一为时辈言耳！（见《章氏遗书》卷四《文史通义》内篇四《说林》，卷二十二《文集》七《与族孙汝楠论学书》）要之议论不为苟同。又以并世学者征实太多，发挥太少，有如桑蚕食叶而不能抽丝，往往劝人多作古文，而衡之以文律，曰清，曰真，清则气不杂也；

真则理无支也！（见《章氏遗书》卷九《文史通义》外篇三《与汪龙庄书》、《与邵二云》）

所自著书以《史籍考》为最博，而《文史通义》为最精。金坛段玉裁若膺读《通义》有精深者，相与叹绝！而文句有长排作偶者，则曰"惜杂时文句调"！学诚闻之不服！曰："文求其是耳！岂有古与时哉！即曰时文体多排比；排比又岂作时文者所创为哉！使彼得见韩非《储说》、淮南《说山》《说林》、傅毅《连珠》诸篇。则又当为秦汉人惜有时文之句调矣！论文岂可如是！此由彼心目中有一执而不化之古文，怪人不似之耳！未可以绳吾《通义》也！见《章氏遗书》卷九《文史通义》外篇三《与史余村简》）《史籍考》代毕沅撰，一踵秀水朱彝尊竹垞《经义存亡考》例，凡十二纲，五十七目，三百二十五卷；大指谓史部虽占四部书之一，其实上援甲而下合丙丁，故范围广博，竭毕生心力，厪乃成之！今也则亡！仅存《释例》！独《文史通义》盛传于世云！

三、解题

《文史通义》何谓也？曰：章氏著书以明"文史通"之义云尔。《说文》训通为达，自此之彼之谓也。夫通之为名，盖取譬于道路，四冲八达，无不可至谓之通也。然究其心之所识，虽有高下、偏全、大小、广狭之不同，而皆以达于大道，故曰通也。（见《章氏遗书》卷四《文史通义》内释篇四《通横通》）朱筠尝谓人言："学者读书求通，当如都市逵路，四通八达，无施不可。非守偏隅一曲，便号通才。"顾章氏以为朱氏言通，盖扩乎其量，而未循乎其本！苟不善究其旨，则高明者驰骛于浩博难整之数而无所得；中人以下，又谓古之人必有天授神诣，非常人所可几及，而自安固陋以为当然。是"四通八达，无施不可"之说，适足为学者患！孟子曰："尧舜之知而不遍物。尧舜之仁不遍爱人。"后之学者不知用其资之所近，力之能勉；而泛泛焉求尧舜之所不知不能，则求通而骛于其名之过也！古人读《易》如无《书》，读《书》如无《诗》。汉初儒者学守专经，言无旁出，推而及于当世，卓然见其本末；儒效于是见矣！元成而后，学者旁通曲究，不专一家之言，其业可谓富矣！而儒术之显，乃转不如汉初！君子又多乎哉！凡人之性。必有所近，必有所偏，偏则不可以言通，古来人观物曲，守一而不可移者，皆是选也！薄其执一而舍其性之所近，徒泛骛以求通，则终无所得矣！大抵学问文章，须成家数，博以聚之，约以收之，载籍浩博难穷，而吾力所能有限，非有专精致力，则如钱之散积于地，不可绳以贯也；唯即性之所近而用力之能勉者，因以椎微而知著，会偏而得全，斯古人所以求通之方也！（见《章氏遗书》卷八《文史通义》外篇二《通说》、《为邱君题南乐官舍》，卷九《文史通义》外篇三《与林秀才书》）章氏之于史学，盖有天授；独即性之所近而用力之能勉，因以推见一切文之通于史，而著书阐明其义焉尔！故题目之曰《文史通义》也。若然，章氏征文史通之义则若何？按章氏之言曰："盈天地间，凡涉著作之林，皆是史学。《六经》特圣人取此六种之史以垂训者耳。子集诸家，其源皆出于史。"（见《章氏遗书》卷九《文史通义》外篇三《报孙渊如书》）"昔曹子建自谓辞赋小道，而欲采庶官实录，辨时俗得失，成一家言。韩退之自谓记事提要，纂言钩玄，而正言其志，则欲求国家遗事，考贤人哲士终始，作唐一经。然则辞章记诵非古人所专重，而才识之士，必以史学为归。"（见《章氏遗书》卷九《文史通义》外篇三《报黄大俞先生》）此明乎"文史通"之义者也。章氏又曰：

文章乃立言之事，言当各以其时，即同一言也，而先后有异，则是非得失，霄壤相悬，郦食其请立六国之后，时势不同楚汉之初，是亦其一端也。前人未知以文为史之义，故法度不具，必待好学深思之士，探索讨论，竭尽心力，而后乃能彷佛其所言之始末焉，然犹不能不缺所疑也。其穿凿附会，与夫鲁莽而失实者则又不可胜计也！文集记传之体，官阶姓氏，岁月时务，明可证据，犹不能无参差失实之弊。若夫诗人寄托，诸子寓言，本无典据明文，而欲千百年后，历谱年月，考求时事，与推作者之志意；岂不难哉！故凡立言之士，必着撰述年月以备后人之考证；而刊传前人文字，慎勿轻削题注，与夫题跋评论之附见者，以使后人得而考镜焉。至于传记碑碣之文，与哀诔策诰之作，前人往往偏重文辞，或书具官，或书某官，而不载其何官；或书某某，而不载其何名何姓；或书年月日，或书某年某月某日，而不载其何年月日。撰者或不知文为史裁，则空著其文，将以何所用也！传录者或以为无关文义，略而不书；则不知录其文将何所取也？凡此诸弊，皆是偏重文辞，不求事实之过。（见《章氏遗书》卷八《文史通义》外篇二《韩柳二先生年谱书后》）

斯则不明乎"文史通"之义者也。然就文论文，则一切文士见解，不可与论史！

盖文辞以叙事为难。今古人才，骋其学力所至，辞命议论，恢恢有余，至于叙事，汲汲形其不足；以是为最难！而工叙事者，不必即工为史之志传。记叙之文，往往比志传修饬简净，盖有意于为文也。志传不尽出于有意，故文或不甚修饬，然大体终比记事之文远胜。盖记事之文，如盆池拳石，自成结构；而志传之文如高山大川神气包举，虽咫尺而皆具无穷之势；即偶有言忽，字句疵病，皆不足以为累，此史笔与文士之分别。文士务去陈言；而史笔点窜涂改，全贵陶铸群言，不可私矜一家机巧也。文士撰文，唯恐不自己出；史家之文，唯恐出之于己，其大本先不同矣：史体述而不造，史文而出于己，是为言之无征！无征，且不信于后也！识如郑樵，而讥班史于孝武前多袭迁书。然则迁书集《尚书》、《世本》、《战国策》、《楚汉牒记》，又岂为不蹈袭哉？充其所说，孔子删述《六经》，乃蹈袭之尤矣！岂通论乎！夫工师之为巨室，度材比于燮理阴阳。名医之制方剂，炮炙通乎鬼神造化。史家诠次群言，亦若是焉已尔！是故文献未集，则搜罗咨访不易为功。观郑樵所谓八例求书，则非寻常之辈所可能也！观史迁之东渐南浮，则非心知其意不能迹也！此则未及著文之先事也。及其纷然杂陈，则贵抉择去取。人徒见著于书者之粹然善也，而不知刊而去者，中有苦心而不能显也！既经裁取，则贵陶熔变化。人第见诵其辞者之浑然一也，而不知化而裁者，中有调剂而人不知也！即以刊去而论：文劣而事庸者，无足道矣！其间有介两端之可，而不能不出于一途。有嫌两美之伤，而不能不出于割爱。佳篇而或乖于例；事足而恐徇于文；此皆中有苦心而不显也。如以化裁而论：则古语不可入今，则当疏以达之。俚言不可杂雅，则当温以润之。辞则必称其体。语则必肖其人。质野不可以用文语，而猥鄙须删。急遽不可以为宛辞，而曲折仍见。文移须从公式，而案牍又不宜徇。骈丽不入史裁，而诏表亦岂可废。此皆中有调剂而人不知也。文至举子之《四书》义，可谓雕虫之极难者矣！法律细于蚕丝牛毛；经生老儒白首攻习，而较量于微茫秒忽之间，鲜能无憾，其故非他；命题虚实偏全，千变万化；文欲适如其题而不可增损故也。史文千变万化，岂止如四书命题之数：而记事记言，必欲适如其言其事而不可增损；恐左马复生，不能无遗憾也。故《六经》以还，著述之才，不尽于经解诸子诗赋文集，而尽于史学。凡百家之学攻取而才见优者，入于往有极意敷张，其事勿显，刊落浓辞，微文旁缀，而情状跃然；是贵得其意也。记言之法，增损无常，唯作者之所欲；然必推言者当日意中之所有，虽增千百言而不为多！苟言虽成文，而推言者当日意中所本无，虽一字之增亦造伪也。或有原文繁富而意未昭明，减省文句而意转刻露者；是又以损为增，变化多端，不可以笔墨罄也！前明信阳何景明谓韩愈文起八代之衰，而古文失传，由昌黎始！杭大宗、董浦斥其病狂！夫昌黎道德文辞，并足泰山北斗；景明何所见闻，敢此妄议！杭氏斥之，是也！然古文必推叙事，叙事实出史学，其源本于《春秋》比事属辞；左、史、班、陈家学渊源，甚于汉廷经师之授受。马曰"好学深思，心知其意"；班曰"纬《六经》，掇道纲，函雅故，通古今者"；《春秋》家学，道相祖述，虽沈约、魏收之徒，去之甚远；而别识心裁，时有得其仿佛。而昌黎之于史学，实无所解；即其叙事之文，亦出辞章之善，而非有"比事属辞"，"心知其意"之遗法也。其列叙古人，右屈、孟、马、扬之流，直以《太史》百三十篇，与相如、扬雄辞赋同观，以至规矩方圆如班固，卓识别裁如陈寿，而不屑一顾盼焉，安在可以言史学哉！欧阳修步趋昌黎，故《唐书》与《五代史》虽有佳篇，不越文士学究之见，其于史学，未可言也！然则推《春秋》比事属辞之教。虽谓古文由昌黎而衰，未为不可；特非信阳诸人所可议耳！盖六艺之教，通于后世有三：《春秋》流为史学，《官》、《礼》、诸《记》流为诸子论议，《诗》教流为辞章辞命。其他《乐》亡而入于《诗》、《礼》,《书》亡而入于《春秋》,《易》学亦入《官》、《礼》,而诸子家言源委自可考也。昌黎之文,本于《官》、《礼》,而尤近于孟、荀,荀出礼教,而专子尤长于《诗》。故昌黎善立言,而优于辞章;无伤其为山斗也!特不深于《春秋》未优于史学耳!噫!此殆难以与文学士言也!(见《章氏遗书》卷十四《方志略例》一《与陈观民工部论史学补遗》、又《答朱少白书》、《跋湖北通志检存稿》、《上朱大司马论文》)然则章氏明文史之通义,而推究言之,未尝不知史笔与文士之异趋也!昔人论刘勰知文不知史,刘知几知史不知文。(邵晋涵《题章氏与陈观氏论史学后》)读章氏书,而文史可以各识职矣!

四、读法

解题既竟,可论读法。章氏言:"立言有本。"然则读章氏书者,不可不知立言之所本也。然不事众义之剖析,而漫言大本之一贯;则所谓"一贯"者,徒笼统之假借耳,故必先籀明一致之百虑,而后可与言殊途之同归。然则不先溯流,乌能探源?欲言原学,宜事析篇。章氏言:"学问之始,未能记诵,博涉既深,将超记诵。"(见《章氏遗书》卷三《文史通义》内篇三《辨似》)然则记诵者,启悟之所资也;《析篇》者,将以启记诵之途径,探学问之堂奥。然《析篇》之事,先以《辨本》者;盖善本不得,则记诵末由!而"博涉既深，将超记诵"，斯明立言之有本，而窥学术之大原矣！然人心不同，亦如其面。他山之石，可以攻玉。终之以异议，而得失有可互镜者焉！穷原竟委，说以四事：

第一辨本　按章氏《文史通义》一书，最初让清道光十二年壬辰，刻于河南开封，为大梁本；盖章氏次子中绂绪迁之所编，而属大梁书院山长洪洞刘师陆子敬及华亭姚椿春木为之覆勘者也。凡《文史通义》"内篇"五卷，"外篇"三卷，《校雠通义》三卷，厥为后来诸刻之所自出。其后南海伍崇曜翻之为"粤雅堂本"，山阴杜氏亦有翻刻；而华绂"大梁刻板"旋亦携回原籍；于是两板皆存越中至咸丰十一年辛酉，太平军徇下绍兴，两板皆毁，独华绂从子□□同卿，携"大梁本"一册，游河南得存！因笺正僻讹以付其子季真小同。光绪元年乙亥，季真游幕贵州按察使署；乃重刊之，为"黔刻本"；其底本即同卿笺正之"大梁本"也。始于丁丑二月付雕；至戊寅七月竣事。华阳王秉恩雪澄实按察贵州，而与贵筑罗□□植庵任雠校焉。尝以"粤雅堂刻"斠数四；其同卿笺正者依改乃知"粤雅堂刻"依"大梁本"，校未精审。然有夺讹而无增减；间有据改"大梁本"者至《校雠通义》中引《汉书·艺文志》，"大梁本"脱讹尤多，则据志正之；乃知"大梁本"虽华绂初刻。刘、姚覆勘，而讹脱不免；是非未可凭也！其后仁和谭献访得"大梁板刻"于会稽周氏祠堂，亦阙逸矣！出箧中旧本，补刻于浙江书局。坊行本皆由此翻；所谓"浙刻本"是也。其目次板式，一依"大梁刻"而据"大梁刻"华绂跋称："其父易簀时，以全稿付萧山王谷塍先生乞为校定；时嘉庆辛酉年也。道光丙戌长兄杼思自南中寄出原草，并谷塍先生订定目录一卷。查阅所遗尚多，亦有与先人原编篇次互异者，自应更正，以复旧观"云云。不知章氏当日本不以原编篇次为定，故以属稿于王氏；而托言"更正"，乱其篇从；可谓无知妄作，不善继志者矣！王氏，名宗炎，谷塍其号，亦称谷人；乾隆庚子进士，未授宫而归；藏书甚富，号十万卷楼；尤精校勘，故为章氏所崇信；年八十余，犹孜孜不忒，著有《晚闻居士集》者也。集中有《答实斋先生书》，论章氏集编次之例；其大恉分内外篇。内篇又别为子目者四：曰《文史通义》，凡论文之作附焉。曰《方志略例》，凡论志之作附焉。曰《校雠通义》，曰《史集考叙录》。其余铭志叙记之文，择其有关系者，录为外篇，而附以《湖北通志传稿》，凡三十卷；中《文史通义》内篇六卷，外篇三卷，《校雠通义》内篇三卷，外篇一卷，《方志略例》二卷；《文集》八卷；《湖北通志检存稿》四卷；《外集》二卷，《湖北通志未成稿》一卷；此王氏论录之大略也。华绂之"大梁刻"行，而王氏所编者不出！嘉兴沈曾植于培购得王编本。吴兴刘承幹翰怡爱录而覆刊之，益以已刊未刊《乙卯札记》、《丙辰札记》、《知非日札》、《阅书随札》、《永清县志》、《和州志》诸书。曰《章氏遗书》：自卷一至八，为《文史通义》内外篇。卷十至十三，为《校雠通义》内外篇。卷十四，卷十五，为《方志略例》。卷十六至二十三，为《文集》。卷二十四至二十七，为《湖北通志检存稿》。卷二十八，卷二十九为《外集》。卷三十为《湖北通志未成稿》。自此以上，一依王氏编目而稍有勘定。如王编《方志略例》有《和州志》、《湖北通志》、《永清县志序录》诸文。而刘氏以《通志》已有检存稿载于后；和州、永清志则均刻入外编，删之以避重复。又据"浙刻本"《文史通义》外篇三，增《答甄秀才论修志书》二篇，《论文选义例书》二篇，《修志十议》、《天门县志艺文、五行、学校三考序》，《报广济黄大尹论修志书》入《方志略例》；是也。此外义《外编》十八卷，《补遗》一卷，《附录》一卷，合共五十卷。钱唐张尔田孟劬、元和孙德谦隘堪序而行焉；于是章氏之学赅备！今取"浙刻本"《文史通义》以与对勘：其内篇卷一同，唯浙刻少《礼教》一篇。浙刻卷二《原道》、《原学》、《博约》三篇之后，即取《遗书》本卷四《言公》上中下三篇继之，为第二卷。浙刻卷三至五载各篇，均不出"遗书本"三、四、五、六等卷之内，而次序多为改易。"遗书本"卷六有《同居》、《感赋》、《杂说》三篇，为浙刻所无。浙刻外篇卷一、卷二，均在"遗书本"《方志略例》二卷之内。唯省《和州志序例》十五篇，《永清县志序例》十五篇。其余浙刻外篇所有，皆在"遗书本"《方志略例》卷一之内。又"浙刻本"《校雠通义》三卷，与"遗书本"《校雠通义》内篇三卷，次序、篇数一一相合，而无外篇。唯"遗书本"《文史通义》外篇、《校雠通义》外篇所录，皆取驳议、序跋、书说诸文之与《内篇》意相发明者；是诚王氏《答实斋先生书》时称"其余铭志叙记之文，择其有关系者，录为外篇"，而与章氏平日持论"内外分篇，盖有经纬"

之指相合辙也！（见《章氏遗书》卷七《文史通义》内篇七《立言有本》）而华绂妄为更张，刮其篇从；斯亦过矣！

第二析篇　刘氏刻《章氏遗书》卷帙繁重。而章氏精要之论，具于《文史》、《校雠》两通义及《方志略例》。今按浙刻《文史》、《校雠》两通义内篇与《遗书》无大出入，而《文史》外篇，亦备《方志略例》之要删。所不足者，厥指未能经纬内篇，无当章氏著书之指耳！然具体而微矣！匪曰卑之无甚高论；徒以世本通行，学者便于购读，姑以浙刻为主，而籀其指意，析其篇目，都为五部：曰穷经，曰核史，曰衡文。而先以"通论"者，明宗趣之所归，知学问之径途也。终以"校雠"者，辨学术之异同，通群书之伦类也。庶几学者循序渐进，知所观览焉！具目如左：

（甲）通论　《原道上中下》，《原学上中下》，《天喻》，《朱陆》，《浙东学术》，《博约上中下》，《假年》，《针名》，《砭异》，《师说》，《横通》，《辨似》，《习同》，《妇学》，《妇学篇书后》，《说林》。

（乙）穷经　《经解上中下》，《易教上中下》，《书教上中下》，《诗教上中下》。

（丙）核史　《史德》，《史释》，《史注》，《传记》，《释通》，《申郑》，《答客何上中下》（以上史例通论），《答甄秀才论修志第一书》，《答甄秀才论修志第二书》，《与甄秀才论文选义例书》，《答甄秀才驳文义例书》，《修志十议》，《方志立三书议》，《州县请立志科议》，《地志统部（以上志例通论），《书吴郡志后》，《书武功志后》，《书朝邑志后》《书姑苏志后》《书滦志后》《书灵寿县志后》(以上论古方志)、《天门县志·艺文考序》《天门县志·五行考序》《天门县志·学校考序》《和州志·皇言纪序例》《和州志·官师表序例》《和州志·选举表序例》《和州志·民族表序例上中下》《和州志·舆地图序例》《和州志·田赋书序例》《和州志·艺文书序例》《和州志·政略序例》《和州志·列传总论》《和州志·阙访列传序例》《和州志·前志列传序例上中下》《和州文征序例》《记与戴东原论修志》《永清县志·皇言纪序例》《永清县志·恩泽纪序例》《永清县志·职官表序例》《永清县志·选举表序例》《永清县志·士族表序例》《永清县志·舆地图序例》《永清县志·建置图序例》《永清县志·水道图序例》《永清县志·六书例议》《永清县志·政略序例》《永清县志·列传序例》《永清县志·列女传序例》《永清县志·阙访列传序例》《永清县志·前志列传序例》《永清县志·文征序例》《亳州志·人物表例议上中下》《亳州志·掌故例议上中下》《张为吉甫司马撰大名县志序》《为毕秋帆制府撰常德府志序覆崔荆州书》《为毕秋帆制府撰荆州府志序》《与石首王明府论志例》《为毕秋帆制府撰石首县志序》《报广济黄大尹论修志书》(以上方志例议)。

(丁)衡文 《言公上中下》《文集》《篇卷》《质性》《文德》《文理》《古文公式》《繁称》《匡谬》《黠陋》《砭俗》《俗嫌》《答问》《古文十弊》。

（戊）校雠　《原道》,《宗刘》,《互著》,《别裁》,《辨嫌名》,《补郑校雠条理》,《著录残逸》,《藏书》,《补校汉艺文志》,《郑樵误校汉志》,《焦竑误校汉志》,《汉志》,《汉志六艺》,《汉志诸子》,《汉志诗赋》,《汉志兵书》,《书志术数》,《汉志方技》。

按校雠别出为书。王目亦同浙刻。兹析篇而不分书,总称以《文史通义》者；仍章氏之意也。昔章氏与严冬友侍读书,自称"为校雠之学,上探班、刘,渊源《官》、《礼》,下该《雕龙》、《史通》,甄别名实,品藻流别,为《文史通义》一书。"（见《章氏遗书》卷二十九《外集》二）则是校雠之学,已赅《文史通义》一书之中；而以别出《文史》之外；自为一书；非章氏之意矣！因附辨之于此。

第三原学　夷考章氏之学,其大指在即事以见道,明经之本史。王阳明《传习录》上卷一答门人徐爱问曰："以事言谓之史,以道言谓之经。事即道,道即事。《春秋》亦经。《五经》亦史：《易》是包牺氏之史；《书》是尧舜以下史；《礼》、《乐》是三代史；其事同,其道同,安有谓异。"疑若章氏之学所由本焉！然章氏不自承出阳明；而细籀其所著书,盍读《汉书·艺文志》而有会,因以推明古人官师合一之道。有官,斯有法,故法具于官。有法斯有书,故官守其书。有书斯有学,故师传其学。有学斯有业,故弟子习其业。三代之盛也,官守学业出于一,而天下以同文为治；及其衰也,官司失其守,而师弟子之传业于是判焉！秦人禁偶语《诗》、《书》,而云"欲学法令者以吏为师"；其禁《诗》、《书》,非也；其曰"以吏为师",则犹官守学业合一之谓也。由秦人"以吏为师"之言,想见三代盛时,《礼》以宗伯为师;《乐》以司乐为师;《诗》以太师为师;《书》以外史为师;《三易》、《春秋》亦若是则已矣!《汉书·艺文志》叙六艺而后,次及诸子百家,必云:"某家者流,盖出古者某官之掌,其流而为某氏之学。"其云"某官之掌",即"法具于官"、"官守其书"之义也。其云"流而为某家之学",即官司失职而师弟传业之义也。(见《章氏遗书》卷十《校雠通义》内篇一《原道》)既以读书有得,疏通伦类,傅合《周礼》之分官,旁采郑略之校雠,而条其义例,上宗刘向父子,辨章旧闻,观其会通,由艺文以见道原,推史意以穷经学;列篇数十、而义则一以贯之者也!"道虽不难于事,学必致之用",是也。所论之事不一,而理则无不相通,知道之所以然,而施之事实也。通经于史:而私家之专集,文章之体裁,亦以史例绳之。归史于实用:而著述之变迁,风气之出入,亦以实用概之者也。

其学一衍而为仁和龚自珍定厂,作《乙丙之际箸议第六》(一本题曰《治学》),以明一代之治,即一代之学;"官师合一"之说也。又著《古史钩沉论》以明《五经》为周史之大宗,诸子为周史之支孽小宗,"六经皆史"之衍也。具见《定厂文集》。然矜其独得,而讳所以出,不云本章氏。(章氏卒嘉庆六年,龚自珍年才十岁)近儒余杭章炳麟太炎讥之,著为《校文士》一文,谓"自珍剽窃成说而无心得;其以六经为史,本之《文史通义》而加华辞;观其华诚不如观章氏之质"者也!其后章氏之学,再衍而为章炳麟:衍"官师合一"之说,以征《曲礼》"宦学事师"之义。(见《诸子学略说》,未收入《章氏丛书》)又推本章氏"六经皆史"之指,以明孔子之述而不作,而难今文家说之称孔子作《六经》者。(见《国故论衡》中《原经》)亦尝箴其阙失,见所刊《太炎文别录》二《与人论国学》一书。

又一衍而为钱唐张尔田孟劬、元和孙德谦隘堪。尔田考镜六艺、诸子学术流别,著《史微》内篇八卷,以丕扬章氏"六经皆史"之义。而德谦则为《汉书艺文志举例》、《刘向校雠学纂微》两书,以论定雠例;又著《太史公书义法》二卷以究明史意。斯皆《通义》之嗣响,章学之功臣!

所可异者:章炳麟嬗崇古学,(《国故论衡》中《明解故下》曰:"六经皆史之方,治之则明其行事,识其时制,通其故言,是以贵古文。古文者,《书》、《礼》得于孔壁;《周官》写于河间左氏,献子张苍者是已。)张尔田指归今文;(《史微》内篇一《史学》曰:"六艺者,先王经世之书也。经世之书皆掌诸柱下,皆太史之所录。不知六艺为史,无以见先王制作之本原;不知六艺为经,无以见孔子删修之大法。孔子悯王路废而邪道兴,论次《诗》、《书》,修起《礼》、《乐》,赞《易》十翼,因史记作《春秋》,以寓王法;而经之名始立。"刘彦和言:"经也者,恒久之至道,不刊之鸿教。"言其不得与民变革者也。)宗尚不同,而诵说章氏则无乎不同;信足以见大道之一贯,而藉征章学之毕该也已!

第四异议　伯祀以来，章氏之学，既大明于世！然而见仁见智，难者不一。湘潭王闿运壬秋，博学通人，最称同光间大师，南方之学者，未能或之先也！顾读章氏《通义》，谓"其言方志体例甚详，然别立文征一门，未为史法；其词亦过辩求胜。'《诗》亡然后《春秋》作'，此特假言耳！《春秋》岂可代《诗》乎？孟子受《春秋》，知其为天子之事，不可云王者微而孔子兴，故托云'诗亡'。而章氏入诗文于方志，岂不乖类！要之以志为史，则得之矣！余以诗词不入志为宜，而有鸿章巨著，事关经国；各附本传以征生平；斯谓合体！"（见《湘绮楼日记》第三册《同治十年辛未三月四日》）不啻微言讽刺于章氏而已！然闿运楚产不尚浙学，而又好言《公羊》，称今学大师；与章氏之称引《周官》媲于古文者不同。宁必其言善，则千里之外应之！其不足于章氏宜也！

顾有生章氏之邑，以后生自居；而核于持论，不为苟同者：会稽李慈铭爱伯也！其大指以为："章氏用力方志，实为专家，而自信大过，喜用我法，尝言'作史作志，必须别有宗旨，自开境界'此固可为庸下针砭；而其弊也，穿凿灭裂，尽变古法，终堕宋明腐儒师心自用之学！大抵浙儒之学，江以东识力高而好自用，往往别立门庭，其失也妄！江以西，途辙正而喜因人，往往掇拾细琐，其失也陋！章氏识有余而学不足，志大而才实疏！故其长在别体裁，核名实，空所依傍，自立家法，而其短则读书鲁莽，糠秕古人，不能明是非，究正变泛持一切高论，凭肊进退，矜己自封，好为立异！

（见《祥琴室日记》同治八年三月十二日）即以《文史通义》、《校雠通义》而论，其抵牾有不胜诘者，谓史须兼苞百代，司马子长是已！后世唯梁武《通史》为知其法！《通史》不传，幸有郑樵《通志》知其遗意，而痛诋班氏《汉书》，谓史法由之而亡！又极诋《文献通考》为类书俗学。（见《章氏遗书》卷四《文史通义》内篇《释通》、《申郑》及《答客问》上中下篇）夫班氏之去马，近百余年，自后易姓，代必修史。如章氏之言，则将百年为限，编一通史，叠床架屋，陈陈相因！抑或易代之际，姑且不为，悬待数姓以归统辑？著作之事，恐无是理！且所谓兼苞百代者，将如郑樵之依次剿录，同于钞胥乎？抑将别立宗旨，各自为书乎？同则毋乃过烦！异则恐穷于变！此不可解者一也！谓今之各省，当称各统部，以总督、巡抚为主，不以布政司为主。（见《章氏遗书》卷十四《方志略例》一《地志统部》）夫元以设行中书省而有省名。明改为布政司而仍称省，此明代之陋！国朝未及更正，然事主布政司，而督抚持节监临，版籍赋税，未当属之督抚也。曰督，曰抚，曰巡，明是巡行监察之义。故督抚之关防，布政司之方印，未尝改也。且统部之名何居乎？六部之设，自在中朝。督抚所兼，皆是虚号；未尝实有部权，分立部名也。况督抚皆义兼都察院，何以略院而不言也？舍显设之司，而称虚拥之部，既非国制，又非古称，以名则不正，以言则不顺！此不可解者二也！谓著录之例，大小戴《记》，当依类分编，如《汉志》别出《弟子职小尔稚例》。（见《章氏遗书》卷十《校雠通义》内篇一《别裁》，卷十一《校雠通义》

内篇二《焦竑误校汉志》)《周易》'经'及'十翼'亦当分载。夫《弟子职》故是古书别行,非刘、班所出。《小尔稚》今在《孔丛子》;《孔丛子》明是伪书,特窜入《小尔稚》以示可信,是后人之窃《小雅》非《汉志》之析《孔丛》;乃欲缘斯谬胳,遍乱古经:则卦画之文,当别收于图籍;赓歌之语,且分录于诗篇!此其不可解者三也!谓府县地志,当以人物为重,不在考核疆域。(见《章氏遗书》卷十四《方志略例》一《记与戴东原论修志》)夫古人之地记,本不及人,后此滋繁,意存夸饰。今谓四至八到。可以略举,古今沿革,无须过详。是则志以地名,已亡其实;人以地系,先迷其邦!将晋宋之之扬州,尽为广陵之产,秦汉之会稽,悉成东部之英!此其不可解者四也!凡此四端,实为大谬,贻误后学,不可不辨!其谓作史须别有宗旨;欲作《宋史》,当以维持宋学为主。(见《章氏遗书》卷十八《文集》三《邵与桐别传》)又谓《周官》师儒本分:师者,道学也;儒者,儒林也,《宋史》分立《道学》、《儒林传》为是。皆迂妄偏谲,不出村学究识见!(见《越缦堂骈文》卷口《与谭仲修书》)至讥近儒著述,多自称某某学,谓误用《汉书》某经有某氏之学语而不通,此尤不根之论!不知近儒经说之称某某学者,乃用何劭公《公羊解诂》称'何休学'之例,明谦辞也,非用《汉书·儒林传》语。章氏疏于经学,自蔽而嫉贤,好诋切并时江疆涛、戴东原、汪容甫、洪北江诸君子以自矜大,而其言失之不考,大率类此!(见《桃花圣解庵日记》同治十二年七月初五日)其一生所最长者,在辨体例，明义法；自昌黎、半山皆诋之不遗余力，以为其文全不知法。今章氏文之传者，皆冗枝缓漫，气体缓弱，其不中与韩、王作奴仆，三尺童子能辨之！夫古人文成法立，本无一定之义法也。章氏严核称谓，诚文章之要义，然其中亦自有辨！执而求之，则不能通！盖称谓莫严于碑志传状，不容一字出入，郡县官名，一参古俗，皆乖史法。降而至序记，则可稍宽矣；又降而至书问笺启，则更可稍宽矣。今名称之古而失实者，有如生员为秀才，举人为孝廉者乎？然与士友通书问，而必称之曰某生员、某举人，则哗然骇矣！名称之俗而不典者，有如知县为大令，同知为司马乎？（唐之长史乃今同知之职，司马秩在别驾下，略仿汉之都尉而非是。）然与当路通笺启，而必目之曰某知县，某同知，则色然愠矣！是唯求其不大戾乎古以病吾文；而因文体之所宜，择近焉者以不骇乎俗，古人于此，盖亦有所不得已也！故大令不可称也。不得已而曰明府。司马不可称也，不得已而曰郡丞。生员，则秀才之可也。举人，则孝廉之可也。若碑版纪载，则确守不可易。此仆为文之旨，而亦尝取以裁量古今者也！章氏之学，自有独得处，其议论可取者甚多；浙东西中当推一作家！仆非好诋乡先生也，而其立旨纰失，亦不能为之讳！"（见《越缦堂骈文》卷口者《谭仲修书》）辞致峻厉，殆有甚于闿运者焉！而条举件系，同根煎迫，要不得不令前贤畏后贤也！

然慈铭守康成而宗戴氏；而章氏翘朱子以正戴学，道不同，不相为谋。尚曰固其所尔！亦有揭引章氏，貌同心异，而匡谬发讹，自比诤友者；是则章炳麟、张尔田也！

　　章炳麟与人论国学，每谓"郑樵《通志》，章氏《通义》，其误学者不少；昔尝劝人浏览，唯明真伪，识条理者可尔！若读书驳杂，素无统纪，则二书适为增病之累！郑樵所长，独在校雠、图谱、氏族数事，其他皆无采，六书尤谬。章氏欲护其短，则云'创条发刊，未尝与小学专家絜长短'，（见《章氏遗书》卷四《文史通义》内篇四《申郑》）若尔，但作略例可矣；焉用繁辞曲证为邪！章氏虽以谬语，然其用只在方志。内篇《易教》以佛书本于《羲文》，诞妄实甚！至谓象通六艺，取证尤肤（见《章氏遗书》卷一《文史通义》内篇一《易教下》），无异决科之策。且于文人作传，则斥辨职之言；（见《章氏遗书》卷五《文史通义》内篇五《传记》）准是为例，范晔作《后汉书》，习凿齿作《汉晋春秋》，亦非身居左史，奉敕编定者也。史可私作，不嫌替窃正章，上拟麟笔，独于《太玄》、《潜虚》，谓其非分，适自相攻伐矣！史德一篇，谓'子长非作谤书，将以究天人之际，通古人之变'，语亦谛审。至谓'微文讥谤，为乱贼之居心'，（见《章氏遗书》卷五《文史通义》内篇五《史德》）宁知史本天职，君过则书，不为讪上！又述朱元晦语以为《离骚》不甚怨君。是则屈平哀歌，徒自悲身世耳；逐臣失职，类能为之；何当与日月争光，而《古今人表》列于仁人孟、荀之伍哉！刘子玄云：'怀、襄不道，其恶存于楚赋。'斯为至言！章氏之论，徒教人以陷耳！其余陋者，自撰《文德》以为新奇，（见《章氏遗书》卷二《文史通义》内篇二）

不悟《论衡》已有斯语。《论衡·佚文篇》:'上书陈便宜,奏记荐吏士,一则为身,二则为人,繁文丽辞,无文德之操,治身完行,徇利为私,无为主者。'文气出于魏文《典论》而徒推本韩、苏,何其厚弇古人也!至以庄子为子夏门人,(见《章氏遗书》卷一《文史通义》内篇一《经解上》)盖袭唐人率尔之辞,未尝订实录。庄生称田子方,遂谓子方是庄子师;斯则让王亦举曾、原;而则阳、无鬼、庚桑诸子,名在篇目,将一一皆是庄师矣!以《艺文志·平原君》七篇,谓是著书之人,自托儒家,而述诸侯公子请益质疑,因以名篇居首。(见《章氏遗书》卷三《文史通义》内篇三《匡谬》)不晓平原固非赵胜,艺文本注谓是朱建;建与郦生、陆贾、娄敬、叔孙通同传;陆、娄之书,亦在儒家;《汉书》明白,犹作孤疑,以此匡谬,其亦自谬云尔!昔人云:'玉卮无当,虽宝非用。'学者熹郑、章二家言,至杜佑、刘知几则鲜留意!杜固括囊大典,朴质无华;刘亦精审不作犷语,学之既非骤了,以资谈助则不如郑、章之恢宏,故其弃录如此!由斯以谈亦见学人苟简专务窃剽矣;故其铺陈流别,洋洋盈耳,实未明其条系,甄其得失也!往见乡先生谭仲修有子,已冠,未通文义,遽以《文史》、《校雠》二种教之;其后抵掌说《庄子·天下篇》、刘歆《诸子略》,然不知其义云乎!则知学无绳尺,鲜不眯乱!徒知派别不足与于深造得者!"(见《章氏丛书·太炎文录》别录二《与人国学书》)盖章炳麟之褒弹则然也!

至张尔田则益疾言激论语明《六经》之出于史,而非《六经》

之即皆史;声章氏诬圣之罪,不惮作鸣鼓之攻!其辞曰:"章氏著《原道篇》,以谓'集大成者为周公;而孔子删述六艺,则所以学周公也。(见《章氏遗书》卷二《文史通义》内篇二)自此论出,而先圣后圣,始若分茅而设蕝矣!不知周、孔不容轩轾也!孔子以前,不必有周公。而周公以后,则不可无孔子!天不生周公,不过关系一姓之兴亡而已;而牺、农、尧、舜、禹、汤、文、武之书犹在也!天不生孔子,则群圣人之道尽亡,虽有王者,无从取法矣!何则?周公思兼三王,监于二代,集牺、农群圣之大成,为一代致太平。孔子则祖述尧舜,宪章文武,集周公之大成,为万世立名教,为一代致太平,则典章制度,不能不详备。为万世立名教,则唯典章制度而已,必有其精义存焉!故《周易》,史也,而孔子赞之;《诗》、《书》,史也,而孔子删之;《礼》、《乐》,史也,而孔子定之;《春秋》,史也,而孔子笔削之;非敢僭越王章也;以为后王制法,不得不然也!夫六艺皆周公之旧籍也;而有经孔子别识心裁者,则今文诸说是也;有未经孔子别识心裁者,则古文诸说是也。今文为经;经主明理,故于微言大义为独详。古文为史,史主纪事,故于典章制度为最备。典章制度,乃周公致太平之迹;而我孔子思存前圣之业,有德无位,不能不假周公之旧史制法后王;其中有因乎旧史者;亦有本旧史之文,别创义例者。"(见《史微》内篇卷第八《古经论》)然则三代以上,帝王无经也,史而已矣!三代以上,帝王无教也,政而已矣!六艺皆三王之典章法度,太史职之以备后王顾问,非百姓所得而私肄也；自《六艺》修于孔子，三代之典章法度，一变而为孔子之教书，而后经之名始立！故经也者，因六艺垂教而后起者也！后世辟儒，其知六艺为史者鲜矣！其知六艺由史而为经者更鲜矣！知六艺为史者，挽近独一章实斋，可谓好学深思，不随流俗之士也！然章氏只知六艺之为史，而不知六艺之由史而为经。故其持论曰："古之所谓经，乃三代盛时典章法度见于政教行事之实，而非圣人有意作为文字以传后世也。"又曰："六艺皆周公之典章；孔子有德无位，不敢操制作之权，唯取周公典章申而明之，所以学周公也。"（见《章氏遗书》卷一《文史通义》内篇一《经解》，卷二《文史通义》内篇二《原道》）夫六艺为周公之典章法度，是固然已！然典章法度，历代不相沿袭者也。六艺虽周公旧史，苟非经孔子删定纂修，垂为万世不刊之经，又何取乎历代不相沿袭之典章法度以垂教后王也！且如章氏言，则后世会典通礼，其为政教行事之实，岂不更切于周公之典章法度乎？而章氏何以不与六艺并列为经也！既不列会典通礼于经，而独奉孔子手定之六艺为经，则六艺因孔子而重；而非因周公之典章法度而重，亦可知矣！如此而犹谓孔子不敢操制作之权，何其视圣人不如一钞胥哉！以钞胥为圣人，宜其推大成于周公，而不知孔子为万世之教祖也，欲辨孔子之教，亦唯正经与史之名而已！经与史之区分，政与教之所由判也。由前而言，六艺皆三代之政也，故谓之为史。由后而言，六艺皆孔子之教也，故谓之为经。章氏有言："周公集典章法度之大成以行其政。孔子集周公之政以明其数。"

因以为"政见实用,而教垂空言。儒生崇性命而薄事功,皆由于盛推孔子过于尧舜也!"(见《章氏遗书》卷二《文史通义》内篇二《原道上》),若然,则垂教者绌于行政矣;政与教,岂可以空言实用分优劣哉!自周公至今日凡几姓矣,典章法度,未闻仍沿用周公之创制。然而人莫不有亲,莫不知孝其亲;莫不有长,莫不知敬其长;则自有天地以来,未闻有改焉者也!夫典章法度,所谓政也。孝亲敬长,所谓教也。孰可实用,孰可空言,必有能辨之者!若如章氏言,以为政见实用耶?吾未闻后世天下可以实行数千载上周公之典章法度者也体以为教垂空言耶?吾未闻有亲可以不孝,有长可以不敬者也!章氏以挽近之人,服挽近之服,言挽近之言;不责人孝亲敬长,而望人实行周公之典章法度,亦可谓进退失据矣!(见《史微》内篇卷第八《明教》)夫一代之典章法度,一代之风系焉,文质异尚如循环;虽以牺、农、尧、舜、禹、汤、文、武之创制,不能历久而不变;而况周公一王之法哉!(见《史微》内篇卷第八《古经论》)然则周公之政,历代沿袭不同者也。孔子之教,天不变,道亦不变者也,天下有敢于更张周公典章法度之人,必无敢于灭裂孔子名教之人!此宰我所以盛推孔子过于尧舜也!宰我之言,见述于孟子。使孟子而崇性命,薄事功,则章氏议之是矣!使孟子而非崇性命,薄事功也;则章氏诬圣之罪为何如哉!其所以然者,由于知史而不知经也!(见《史微》内篇卷第八《明教》)斯足以明国学之准绳,而当章氏之诤友!(张尔田《史微·明教》篇后题曰:"章实斋先生书,博学详说，余所服膺。唯斯言则害于道，故敢附于诤友之列，赞而辨之。"）宁得曰"蠹生于木，还食其木"，漫为譬喻，而引以相讽哉！然张尔田特明六艺之由史而为经，而非迳斥"六经皆史"之说，以为巨谬不然也！

乃有反"六经皆礼"之说，而明"六经皆史"之大相刺谬者。是则盐城陈钟凡斠玄也！今按钟凡之言曰："六经皆古之典礼。百家者，礼教之支与流裔也。上世官师不分，政教合一；凡百制作，莫备于典礼。是故诸夏学术，三古礼隆其极。故礼事起于火化。礼文昭于祭祀。祭礼行于明堂，礼乐政教由是演，制度典章由是出。礼云礼云，诸夏道术之滥觞矣！周公集六代之大成，存先圣之旧典，经论制作，备于礼经。礼经者，六籍之大名、百家所由出也！征诸《周官》：太卜掌'三易'之法：一曰《连山》，二曰《归藏》三曰《周易》。其经卦皆八，其别皆六十有四。又太卜之职，大祭祀，则眡高命龟。凡小事，莅卜。国大迁，大师则贞龟。凡旅，则陈龟。凡丧事，则命龟。是《易》用诸丧祭迁国师旅诸卜筮者也；则《易》为礼经，此其证矣！太师教六诗：曰风，曰赋，曰比，曰兴，曰雅，曰颂。而太师之职：大祭祀，则帅瞽登歌，令奏击拊，下管播乐器，令奏鼓朄；（朄读为道引之引）大飨亦如之。大射，率瞽而歌射节。大师，执同律以听军声。大丧、帅瞽而廞作匶谥。是诗亦用诸飨射师旅丧祭者也；则《诗》为礼经，此其证矣！大司乐以乐舞教国子，舞云门、大卷、大咸、大磬、大夏、大濩、大武。又大司乐之职，以六律、六同、五声、八音、六舞、大合乐，以致鬼神示，以和邦国，以谐万民，以安宾客，以说远人，以作动物；乃分乐而叙之，以祭，以享，以祀。是乐所以祀天神四望，祭地示山川，享先祖先妣者也；则《乐》为礼经之明证。《汉志》本《七略》曰：'古之王者，世有史官，君举必书。左史记言，右书记事。事为《春秋》，言为《尚书》。'《大戴礼》曰：'内史太史，左右手也。'是左史右史，即周官之内史太史。《尚书》、《春秋》，内史太史所掌之籍也。考太史之职：大祭祀，与执事卜日。戒及宿之日，与群执事读礼书而协事。祭之日，执事以次位常。大会同朝觐，以书协礼事大师，抱天时与大师同车。大迁国，抱法以前。大丧，执法以莅劝防。内史之职，掌叙事之法。受纳访以诏王听治。凡命诸侯及孤卿大夫，则策命之。凡四方之事书，内史读之。王制禄。以赞为之，以方出之；赏赐亦如之。是《春秋》为丧祭师旅迁国及会同朝觐之典；《尚书》者，叙事策命制禄赏赐之籍；则《春秋》、《尚书》皆礼经之明证也。故观于太卜、太师、大司乐、太史、内史，皆宗伯之属；则其所掌《易》、《诗》、《书》、《乐》、《春秋》皆先王之典礼，昭然若揭，奚待韩宣子适鲁而后知《易象》、《春秋》之为《周礼》哉！（《左氏》昭二年传）故曰：'六经皆古之典礼也。'诸子者，礼教之支与流裔也。考诸《汉志》：儒家出于司徒。《周官》载司徒施十有二教：一曰以祀礼教敬。二曰以阳礼教让。三曰以阴礼教亲。四曰以乐礼教和。又以五礼防万民之伪而教之中。以六乐防万民之情而教之和。是司徒以礼教民者也，儒家学本于礼，有明验矣！道家出于史官。而太史、大祭祀与群执事读礼书而协事。小史，大祭祀读礼法。《史记》义谓孔子适周，问礼于老子。(《老庄列传》)《小戴记》孔子对曾子问礼，一则曰'吾闻诸老聃'；再则曰'吾闻诸老聃'。(《曾子问》)则道家学出于礼有明验矣！阴阳家出于羲和之官，《周官》冯相氏、保章氏之职，礼官之属也。《大戴礼》谓：'明堂为天法。'(《盛德篇》)《礼明堂阴阳录》曰：'阴阳者，王者所以应天。'(引见牛宏传及《御览》)蔡邕亦谓：'明堂者，所以明天气，统万物，上通天象，故十二宫象日辰。'(《明堂月令论》)是以观象授时，本明堂之大典。阴阳家学本于礼，有明验矣！名家出于礼官；《周官》大小宗伯之职也。法家出于理官，大小司寇之职也。宗伯掌建邦之天神、人鬼、地示之礼，以佐王建保邦国。司寇掌建邦之三典，以佐王刑邦国，诘四方。司马迁曰：'礼禁未然之前，法施已然之后。法之所为用者易见；而礼之所为禁者难知。'(《史记自叙》)陈宠曰：'礼经三百，威义三千。故甫刑，大辟二百，五刑之属三千，礼之所取；失礼则入刑，相为表里。'(《后汉书》本传)故刘氏谓其辅礼制；则名家、法家学出于礼，有明验矣！墨家出于清庙之守，《周官》巫祝之职也。蔡邕曰：'取其宗祀之貌，则曰清庙。取其觉，则曰明堂。异名同实，其实一也。'(《明堂月令论》)《吕览》言：'鲁惠公使宰让请郊庙之礼于天子。桓王使史角往，惠公止之；其后在于鲁，墨子学焉。'(《当染》)则墨家出于礼之明验也。纵横家出于行人之官；《周礼》大小行人之职也。大行人，掌大宾之礼及大客之义，以亲诸侯。小行人，掌邦国宾客之礼籍，以待四方之使。则纵横家学本于礼之明验也。杂家出于议官；《周官》三公之职也。《尚书》言：'三公论道经邦，燮理阴阳。'（《周官》）《吕览》首陈十二纪；《淮南》亦训《时则》，并本夏时遗制，为《小戴·月令》之所本。是杂家学本于礼之明验也。农家出于农稷之官。《周语》载虢文公谏周宣王曰：

> 民之大事在农，上帝之粢盛于是乎出，民之蕃庶于是乎生，事之供给于是乎在！是故稷为大官！古者太史顺时覛土阳瘅愤盈，土气震发。农祥晨正，日月底于天庙，土乃脉发。先时九日，太史告稷曰：自今至于初吉，阳气俱蒸，土膏其动。弗震弗渝，脉其满眚，谷乃不殖。稷以告王。及期，王裸鬯飨醴乃行。后稷监之。膳夫农正陈籍醴。太史赞王。王耕从之。王耕一墢，班三之，而时布之于农，稷则，遍诫百姓，纪农协功。民用莫不震动，恪恭于农。（《国语》）

是后稷播时百谷，必遵太史敬授民时，则农家学本于礼之明证也。小说家出于稗官；《周官》土训、诵训、训方氏、匡人、撢人诸职也。土训，掌道地图，道地慝。诵训，掌道方慝。训方氏，掌道四方之政事与其上下之志，诵四方之传道。匡人，掌达法则，匡邦国而观其慝。撢人，掌诵王志。凡是诸职，皆所以训四方，道方志方慝以诏王国，是小说家学本于礼之明证也。然则诸子出于王官者，其学即莫不原于典礼，故礼学，为道术之根荄，群言之郛廓！六经诸子，莫不由此滋生萌蘖，章学诚不明乎此，妄有'六经皆史'之论。若谓六经掌于史官，应得史称？不知《春秋》、《尚书》掌于太史、内史；而《诗》、《易》则分掌于太卜、太师；乐掌于司乐；礼掌于宗伯；各有当官，非必史官之专守，（史氏所掌当属其贰）则不得并名为史。'六经皆史'之说，发自王守仁。章学诚申其说。龚巩祚更畅言之，谓'任照之史，为道家祖。任天之史，为农家祖。任约剂之史，为法家祖。任文之史，为杂家祖。任讳恶之史，为阴阳家祖。任喻之史，为纵横家祖。任本之史，为墨家祖。任教之史，为小说家祖。'（《古史钩沉论》）语半无征，将焉取信！今推寻木柢，正以六经之礼之说。"（见《诸子通谊》卷上《原始》）则是与章氏之明"六经皆史"者，如别黑白之不同矣！然其以《周官》为根柢，以《汉书·艺文志》为崖廓，则又与章氏无乎不同者也！可谓貌同而心异者焉！於戏！章氏不云乎！"古人最重家学，叙列一家之书，凡有涉此一家之学者，无不穷源至委，竟其流别，所谓著作之标准，群言之折中也！"（见《章氏遗书》卷十《校雠通义》内篇一《互著》）余故备著异议，不惮烦琐，利钝毕著，义蕴究宣矣！

博端诵章书，发蒙髫年，迄今四十，玩索不尽。粗述睹记，以为成学治国闻者观览焉！

（中山书局，1929年11月出版）